Georg Ebers

Die hieroglyphischen Schriftzeichen der Aegypter

Georg Ebers

Die hieroglyphischen Schriftzeichen der Aegypter

ISBN/EAN: 9783743435070

Hergestellt in Europa, USA, Kanada, Australien, Japan

Cover: Foto ©Andreas Hilbeck / pixelio.de

Manufactured and distributed by brebook publishing software (www.brebook.com)

Georg Ebers

Die hieroglyphischen Schriftzeichen der Aegypter

LISTE

DER ZEICHEN DER HEILIGEN SCHRIFT,

WELCHE IM BESITZ DER HERREN

DER WERKSTÄTTE DER KÜNSTLER DER VERVIELFÄLTIGUNG DER SCHRIFTEN
UND DER HERSTELLER DER BÜCHER,

DIE DA GENANNT WIRD DAS HAUS VON

BREITKOPF & HÄRTEL.

HERGESTELLT VON GEORG EBERS,

DEM DIENER DES THOT.

LEIPZIG

IM JAHRE 1890 NACH DER GEBURT DES HEILANDES,

IM 2TEN JAHRE DER REGIERUNG SR. MAJESTÄT DES FÜRSTEN DER FÜRSTEN
(KAISERS) VON DEUTSCHLAND

WILHELM.

DIE
HIEROGLYPHISCHEN SCHRIFTZEICHEN
DER
ÆGYPTER.

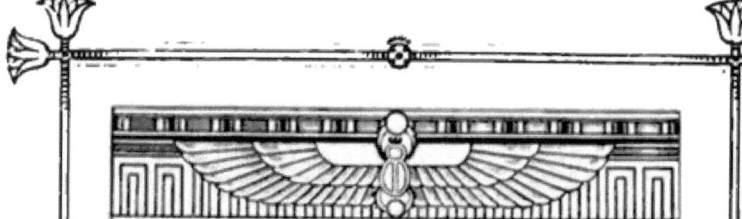

Kurz vor dem Abschluss des vergangenen Jahrhunderts war es, als der General Bonaparte die Truppen der französischen Republik nach Aegypten führte. Was er an Schädigung der englischen Macht und an materiellem Gewinn für Frankreich von diesem Abenteuer erwartet, ging nicht in Erfüllung, und doch sollte die Expedition nach Aegypten einen der edelsten immergrünen Zweige in den blutigen Kranz seines Ruhmes flechten; denn ihr dankt es die Welt, dass das Leben und mit ihm auch die Schrift und Sprache eines der begabtesten und eigenartigsten Völker des Alterthums nach langem Todesschlaf zur Auferstehung geführt ward.

Wohl hatten biblische Erzählungen und griechische und römische Klassiker dafür gesorgt, dass die vergangene Grösse des Pharaonenreiches im Abendlande nie ganz vergessen worden war, und auch Wallfahrer und Reisende hatten manches kleine Denkmal aus dem Nilthal in die Raritätenkammern der Fürsten und die Glasschränke der Bibliotheken geführt. Endlich waren den Hunderttausenden, welche von allen Himmelsrichtungen her nach Rom pilgerten, Obelisken mit hieroglyphischen Inschriften begegnet. Natürlich zogen diese geheimnissvollen Aufzeichnungen die Forschungslust der Gelehrten in der Tiberstadt auf sich, und ein Deutscher, Athanasius Kircher aus Fulda, der unter den der Wissenschaft

Text mit Königsnamen und dem des Ptolemaios Soter,
bevor er den Thron Aegyptens bestieg, und also ohne Umrahmung.

Uebersetzung: Im Jahre 7 am Anfang der Ueberschwemmungsjahreszeit, unter Sr. Maj. dem jungen Horus, reich an Heldenkraft, dem Herrn der Diademe, der da liebt die Götter, die ihm die Würde seines Vaters verliehen, dem Goldhorus, der die ganze Welt beherrscht, dem König von Ober- und Unterägypten Alexander II, dem ewig lebenden, dem Geliebten der Götter von Buto. Ein König war er in der Welt der Fremden. Es befand sich Sr. Maj. aber im Innern von Asien, weswegen ein grosser Statthalter in Aegypten war, Ptolemaios mit Namen.

ergebenen römischen Geistlichen des siebzehnten Jahrhunderts eine hervorragende Stellung einnahm, widmete ihrer Entzifferung viel leider verlorene Mühe; und doch sind wir Kircher zu Dank verpflichtet; denn er war einer der ersten, der den Wortschatz der koptischen, das heisst derjenigen Sprache, welche die nachchristlichen Aegypter redeten und mit griechischen Lettern schrieben, in ein Vocabularium zusammenfasste.

Seine Bestrebungen wurden von dem gelehrten römischen Prälaten Zoëga, einem Dänen, fortgeführt, — doch gegenüber der Hieroglyphenschrift mit nicht viel besserem Erfolg. Aber auch ihm sind wir Späteren lebhaft verpflichtet, erstens weil er die Kenntniss des Koptischen förderte und zweitens weil er die Wahrnehmung, dass die mit Ringen oder Cartouchen  umrahmten Hieroglyphengruppen (S. 4) Königsnamen darstellten, scharfsinnig begründete. Aber es gelang ihm noch nicht, auch nur ein einziges hieroglyphisches Zeichen richtig zu bestimmen, — und weder Kircher, noch er, noch ein anderer waren im Stande das Rechte zu finden, weil sie von der verkehrten, durch einige Bemerkungen der Alten scheinbar bestätigten Voraussetzung ausgingen, die ägyptische Bilderschrift stelle nicht Laute oder Silben, sondern Begriffe dar.

Bessere Erfolge konnten die Entzifferer erst erzielen, nachdem die Expedition Bonapartes das Abendland mit den Denkmälern der alten Aegypter vertraut gemacht und ein Monument zu Tage gefördert hatte, das, bekannt unter dem Namen der Tafel oder des Schlüssels von Rosette, die Forschung auf festen Grund stellen sollte.

Dies Denkmal, eine schlichte Tafel von schwarzer Grauwacke, jetzt die Hauptzierde des British Museum, wurde bei Grabungen an der Schanze St. Julienne bei der Hafenstadt Rosette, von dem französischen Ingenieurofficier Bouchard entdeckt; doch das Glück der Schlachten liess sie in die Hände der Engländer fallen, und unter ihnen war es Hamilton, der für ihre erste Reproduktion und ihre Versendung an europäische Gelehrte sorgte. — Auch dem Laien konnte die Wichtigkeit der Inschriften, die sie enthielt, in's

Auge fallen; denn es waren ihrer drei, und während die eine mit reinen Hieroglyphen geschrieben war, zeigte die andere bis dahin unbekannte Lettern, von denen sich behaupten liess, dass sie der Volksschrift der Aegypter angehörten, weil die dritte (griechische) Inschrift, welche jeder der hellenischen Sprache Kundige lesen konnte, am Schlusse bemerkte, dass das gleiche zu Ehren des Königs Ptolemaios V Epiphanes verfasste priesterliche Dekret in der heiligen Schrift der Aegypter, in der des Volkes und in griechischer Sprache und Schrift auf der Tafel stehe. Später nahm man wahr, dass auch der hieroglyphische Theil der Inschrift dieselbe Notiz enthalte und zwar in folgender Form:
zu deutsch: »In der Schrift der heiligen Sprache, in der Briefschrift und der Schrift der Hellenen.« Schon durch griechische Autoren hatte man erfahren, dass sich die Aegypter verschiedener Schreibarten bedienten, und durch den alexandrinischen Presbyter Clemens von Alexandrien waren sie richtig bezeichnet worden. Nun besass man Proben sowohl von der hieroglyphischen als auch von der Volks- oder Briefschrift, und neben ihnen einen griechischen Text, der die Uebersetzung beider enthielt. Die auch schon von Clemens erwähnte sogenannte hieratische Schrift kommt auf der Tafel nicht vor.

Mit solchem Schlüssel musste es möglich sein das Thor zu öffnen, welches den Zutritt in die Mysterien der altägyptischen Schrift und Sprache so lange verwahrt hatte, und bald fanden sich die rechten Männer für diese schwere, doch lohnende Arbeit. Es versteht sich, dass sie von den in dem griechischen Theil der Inschrift vorkommenden Eigennamen die beste Hilfe erwarteten, und es waren deren ziem-

Die Tafel von Rosette.
Im British Museum.

lich viele: Ptolemaios, Alexander, Arsinoë, Diogenes, Philinos etc., aber sie kamen fast alle auf den ersten Zeilen des

Probe eines demotischen Textes.
Es liegt ihm eine jüngere Sprachstufe zu Grunde als dem Hieroglyphischen.

Textes vor, die in dem hieroglyphischen Theile der Inscription sehr stark beschädigt sind. Der demotische oder volksschriftliche Abschnitt war vollständig erhalten geblieben.

und weil die Bestandtheile desselben keine Bilder, sondern conventionell gewählte Zeichen waren, konnte man sie eher für Buchstaben halten als die Hieroglyphen, die man zunächst fortfuhr für Begriffszeichen zu betrachten. So kam es, dass sich die berufensten Kenner orientalischer Sprachen in jener Zeit und allen voran der grosse französische Arabist

François Champollion.

S. de Sacy und der scharfsinnige Schwede Akerblad zuerst dem volksschriftlichen Theile des Decretes zuwandten. Sie waren auch schon zu vielverheissenden Resultaten gelangt, als sich der Engländer Thomas Young und der Franzose F. Champollion dem hieroglyphischen Texte zuwandten, und zuerst die eingerahmten Gruppen ins Auge fassten, welche

Barthélemy und Zoëga bereits früher für Königsnamen erklärt hatten. Beide gingen durchaus selbständig vor und kamen zunächst, und so lange es sich nur um die Entzifferung der Eigennamen handelte, zu ähnlichen Endresultaten; aber während der Engländer, einer der scharfsinnigsten Gelehrten und Entdecker auch auf physikalischem und medizinischem Gebiet, dessen Biographie von Arago sich wohl zu lesen verlohnt, bei den ersten Erfolgen seiner genialen Operationen stehen blieb, schritt Champollion rüstig auf dem betretenen Wege fort und konnte bei seinem Tode 1832 eine Grammatik hinterlassen, in der die meisten Elemente der Hieroglyphenschrift im Ganzen richtig erkannt sind, und sogar schon eine Formenlehre der altägyptischen Sprache gegeben wird, die allen späteren Arbeiten auf dem gleichen Gebiet zu Grunde liegt. So ist es sicher F. Champollion, der den Namen des »Entzifferers der Hieroglyphen« verdient; denn seine Methode ist der des kühneren Young an wissenschaftlichem Ernst und kritischer Vorsicht weit überlegen. Die Art und Weise, durch die er dahin gelangte, zuerst die Namen Ptolemaios, Kleopatra und Alexander zu lesen, die in diesen Namen gemeinsam vorkommenden Buchstaben und endlich das ganze Alphabet der Hieroglyphenschrift zu bestimmen, gehört zu den grössten Thaten des menschlichen Geistes, und die Voraussagung, welche seine stolze Grabschrift enthält. »Ses admirables travaux auront la duré des monuments qu'il nous a fait connaître,« geht der Erfüllung entgegen.

Wir können hier nur in aller Kürze mittheilen, auf welchem Wege der scharfsinnige Mann sein Ziel erreichte. Neben der Tafel von Rosette leistete ihm dazu die Basis eines kleinen Obelisken, den Mr. Bankes von der Insel Philae nach seiner englischen Heimat gebracht hatte, die wichtigsten

Dienste; denn während die Rosettatafel den Namen Ptolemaios
enthielt, musste der Obelisk eben denselben und dazu den der
Kleopatra enthalten. Eine griechische Inschrift an der Basis
der Spitzsäule erwähnte nämlich beider, und über ihr zeigte
sie in Cartouchen eingerahmte Hieroglyphengruppen, welche
diesen Namen, trog nicht alles, entsprachen.

Dass die von der Cartouche umgebene Hieroglyphenreihe  den Namen Ptolemaios darstellen
müsse, lehrte der griechische Text der Tafel von Rosette; bedeutete
aber das eingerahmte Wort
welches der Obelisk zeigte, »Kleopatra« — und dies durfte
angenommen werden, da der griechische Spitzsäulentext
den Namen einer Kleopatra (der dritten) enthielt — so musste
sich dies durch die Stellung der Buchstaben in beiden Namen
erweisen lassen. Nun war das erste Zeichen in Ptolemaios
 und musste als Anfangsbuchstabe dieses Namens *p* bedeuten. Wenn dies zutraf, dann durfte man in K-l-e-opatra an fünfter Stelle wiederzufinden erwarten, und so war
es thatsächlich der Fall. In Ptolemaios musste das zweite
Zeichen ⌒ ein *t* sein; doch zeigte es sich in Kleopatra nicht
an der rechten Stelle, wohl aber am Ende der Gruppe, und
Champollion kam, mit Hinblick auf die ihm wohlvertraute
koptische Sprache und ihren femininen Artikel *tr*, auf die
Vermuthung, dass sich am Schluss dieses Namens ⌒ als
Zeichen des weiblichen Geschlechtes finde. Das dritte Zeichen
in Ptolemaios  musste *o* sein, und es stand in K-l-e-opatra, wie zu erwarten war, an der vierten Stelle. Das
vierte Zeichen in Ptolemaios 🦁, ein Löwe, musste ein *l*

sein, und es fand sich in K-leopatra richtig als zweiter Buchstabe wieder. Die fünfte Hieroglyphe in Ptolemaios ⌒ = *m* durfte sich in Kleopatra nicht finden, und sie fehlte dort wirklich. Das sechste Zeichen in Ptolemaios ◊◊ musste das griechische *αι* sein, und in K-l-eopatra fand sich an dritter Stelle ein ◊, also auch ein Vokal, der dem *αι* verwandt sein musste. So liess sich denn, und zwar auf Grund der Schreibung beider Namen, behaupten: ⊔ = *p*, ⌒ = *m*, ⌠ = *o*, ⟵ = *l*, ◊◊ und ◊ sind vokalische Laute. Als Champollion dann den Namen Alexanders mit heranzog und das siebente Zeichen in K-l-e-o-p-a-tra ⟵ in jenem an der Stelle wiederfand, wo ein *d* zu erwarten war und ferner das ⟨bird⟩, das in K-l-e-o-p-atr-a an sechster und neunter Stelle nur ein *a* bedeuten konnte, in Alexandros mit dem gleichen Werthe antraf, da durfte er seiner Sache gewiss sein, zumal dasselbe ⟨⟩, das ein *s* sein musste, die Namen Alexandros und Ptolemaios abschloss. So hatte er denn den Lautwerth einer ganzen Reihe von Hieroglyphen durch diese Vergleichungen gewonnen, und nachdem er viele andere umrahmte Gruppen, die alle Königsnamen sein mussten, mit herangezogen, gelangte er zur Bestimmung des ganzen Alphabetes und damit zur Ueberzeugung, dass die Hieroglyphenschrift sich keineswegs nur begrifflicher, sondern vielmehr auch lautlicher Zeichen bediene; denn die Eigennamen bildenden Hieroglyphen kamen ebenso in nicht umrahmten Gruppen vor.

Nun musste die koptische Sprache — wie schon gesagt das Aegyptische der nachchristlichen Zeit — ihm Beistand leisten. Es wurde in dem hellenistischen Nilthal mit griechischen Lettern geschrieben und ist durch die Uebersetzung der meisten biblischen Bücher, liturgische Schriften, Mönchsgeschichten, Hymnen etc. in drei verschiedenen Dialekten auf uns gekommen. In Rom hatten Vielwisser unter den Humanisten, und besonders Jesuiten in der Propaganda sich mit diesem Idiom beschäftigt, und da man es auch im Abendland zu berücksichtigen begonnen, war auch Champollion früh damit vertraut geworden. Zwar steht es dem Altägyptischen nicht viel näher als das Italienische dem Lateinischen, doch blieben in der neueren viele Wurzeln der alten Sprache erhalten, und so gelang es Champollion zahlreiche hieroglyphische Gruppen zu lesen und zu übersetzen.

Da er 1832 die Augen schloss, waren die Aehren an den Halmen, welche die Expedition Bonapartes gesät, schon im Reifen. Als die unvergängliche Frucht derselben darf das Riesenwerk gelten, das den Gelehrten, welche der französischen Armee folgten, den Ursprung verdankt. Dem Namen der »Description de l'Égypte«, den es trägt, entspricht der vorzügliche Text so vollständig wie die reiche Fülle der schön ausgeführten, zahlreichen Bilder: denn alles was das alte und neue Aegypten angeht, seine Natur, seine wirthschaftlichen Verhältnisse, seine Geschichte, Denkmäler etc. wird in erschöpfender Weise behandelt. Die Abbildungen der Denkmäler sind mit höchster Sorgfalt und für die Zeit ihrer Entstehung musterhaft ausgeführt, und doch wird dem Fachmann ihnen gegenüber besonders deutlich, wie eminent die Fortschritte sind, welche die Wissenschaft in den Jahrzehnten machte, die ihrer Herstellung folgten; denn diejenigen, welche sie darstellten, verstanden die hieroglyphischen Inschriften, die sie copierten, noch nicht, und so sind sie fast alle unbrauchbar für sprachliche Zwecke. — Auch später noch zeichneten die Gelehrten die Inscriptionen mühsam mit Stift und Feder nach. Erst Lepsius vereinfachte diese Arbeit durch den Gebrauch von Bürstenabzügen; doch ihre Vervielfältigung konnte man nur auf lithographischem Wege bewirken. Jetzt wird auch die Photographie fleissig benutzt; wo es aber gilt hieroglyphische Stücke mit Texten in unseren Schriftarten zu verflechten, da ist es durchaus geboten, sich des Druckes mit Typen zu bedienen.

Solche wurden zuerst in Leipzig in der Lorck'schen Officin für den Gebrauch von Schwartze und Seyffarth hergestellt, doch fielen sie so stillos und incorrect aus, dass sie längst nicht mehr benutzt werden können. Die in der französischen Staatsdruckerei unter Leitung des Vicomte Emanuel de Rougé, des würdigen Nachfolgers Champollions, geschnittenen Lettern sind weit schöner, doch nicht in Umrissmanier gehalten, und darum ergeben die ganz schwarzen, oft recht breiten Bilder hart von dem weissen Papier abstechende Flächen, welche schliesslich auch dem guten Geschmack ihrer französischen Schöpfer so sehr widersprachen, dass sie von ihrer Benutzung abstanden, sobald die Berliner sehr viel schöneren Lettern hergestellt worden waren. Diese in der That jeder Anforderung entsprechenden, unter Lepsius' Leitung von Weidenbach gezeichneten und in der Theinhardt'schen Officin zu Berlin unter den Auspicien der dortigen Akademie hergestellten Typen schliessen sich an den schönen Schriftstil der 26. Dynastie, sind in linearer Manier gehalten, gestatten auch ihr Inneres, wo es die Vorbilder fordern, zeichnerisch auszuführen und stechen nicht zu grell von dem Papier und den Lettern unserer Druckschriften ab. Es möchte schwer sein, sie zu übertreffen, und man bedient sich ihrer gegenwärtig, wo man Aegyptologie treibt, d. h. in allen Culturländern, besonders in Deutschland und England, Frankreich, Holland und Italien.

Die Breitkopf & Härtel'sche Officin verfügt über einen vollständigen Satz und hat die schwierigsten Drucke nicht nur für deutsche, sondern auch für französische, russische, schwedische und andere Gelehrte in einer Weise hergestellt, die der Verfasser dieser Zeilen als mustergültig bezeichnen darf. Auch die rothen Satzanfänge, welche sich in den Schriften der alten Aegypter fanden und denen unser Name ›Rubrik‹ die Herkunft verdankt, geben einige dieser Drucke wieder.

Das Rubrum.
Aus dem Papyrus Ebers.

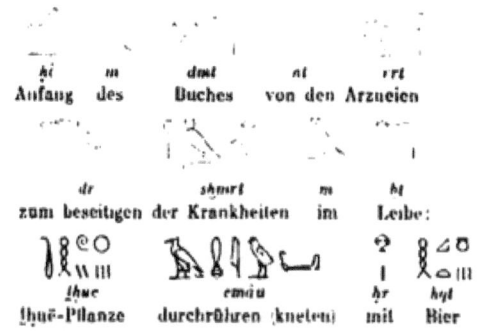

Die Hunderte dieser Typen alphabetisch zu ordnen, geht nicht an, weil viele begrifflicher Natur sind, von anderen der Lautwerth noch nicht sicher bestimmt werden kann und endlich durch die Klassificirung nach den Begriffskategorien, zu denen die hieroglyphischen Bilder gehören, die Arbeit des Setzers und Correctors wesentlich erleichtert wird.

Dem Fachmanne muss die gewählte Anordnung selbstverständlich erscheinen; dem Laien aber wird, wie wir meinen, eine knapp gezeichnete Skizze der Grundelemente, aus denen sich das hieroglyphische Schriftsystem zusammensetzt, willkommen sein und ihm das Verständniss für die Gruppierung unserer Typen eröffnen.

Bereits in der frühesten historischen Zeit, d. h. schon in derjenigen Epoche, aus der wir die ersten Inschriften besitzen, tritt uns das hieroglyphische Schriftsystem fertig entgegen. Seiner Entwickelung und Vervollkommnung zu folgen ist uns nicht gestattet; denn schon die ehrwürdigsten Inscriptionen zeigen es so abgeschlossen und vollendet, wie es uns auf viel späteren Monumenten wieder begegnet; ja in den ältesten Texten sind bereits Darstellungen des Schreibzeuges , der Papyrusrolle , des Bandes, womit man diese verschloss etc. schriftbildende Zeichen. Die Form derselben blieb 3000 Jahre lang bis zur Zeit der Römerherrschaft die gleiche. Die erwähnten ältesten Inscriptionen sind sämmtlich in Stein gemeisselt oder in Holz geschnitten und konnten sich darum so lange erhalten, während wohl die ersten Versuche der Schreiber auf und mit vergänglicherem Material hergestellt wurden und zu Grunde gingen.

Die hieroglyphische ist die älteste Schriftgattung der Aegypter und besteht aus Nachbildungen concreter Gegenstände aus allen Gebieten des Geschaffenen und Gestalteten, sowie aus conventionell erfundenen Zeichen und mathematischen Figuren. Man bediente sich ihrer auf Monumenten jeder Art zur Herstellung der Inschriften und stellte mit ihnen die religiösen sowie alle Texte her, welche auf Heiligkeit Anspruch hatten. Auch Heil- und kosmetische Mittel standen unter dem Schutze der Gottheit und wurden als

Ausflüsse des Horusauges betrachtet. Daher bediente man sich auch auf Arzneigefässen der hieroglyphischen Schrift.

Inschrift von einem Büchschen mit Augensalbe
im Besitz des Mr. Wilbour.

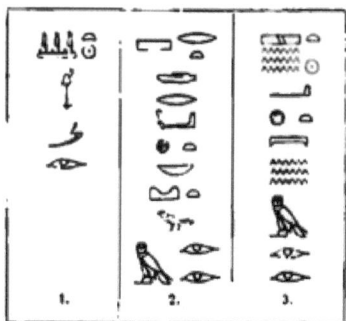

Diese Mittel beziehen sich auf alle drei Tetramenieen oder Jahreszeiten. 1. Ueberschwemmungszeit: zum Öffnen oder (schärfen) den Blick (des Auges). 2. Winter: Zum Vertreiben aller übelen Dinge in den Augen. 3. Sommer: (Zum Vertreiben) der suffusio aquae oder des Staares.

Bald, jedenfalls schon im alten Reiche und vor dem Einfall der Hyksos, kürzte man die hieroglyphischen Zeichen ab, wo es galt auf Papyrus, Leder oder Scherben Texte weltlichen Inhaltes mit dem Pinsel oder Rohre zu schreiben, und diese abgekürzte Schrift, der genau dieselbe Sprache zu Grunde liegt wie der hieroglyphischen, wird die hieratische genannt.

Der folgende Anfang des Papyrus Ebers mag zeigen, wie sich die Formen der hieratischen zu denen der hieroglyphischen Zeichen verhalten.

Hieratischer Text mit hieroglyphischer Umschrift.
Papyrus Ebers. Taf. I. Z. 1.

Uebersetzung. Anfang des Kapitels vom Bereiten der Arzneien für jeden Körpertheil eines Patienten. Hervorgegangen bin ich aus Heliopolis mit den Grossen von . . .

Die Sprache ist ein Organismus, der so wenig wie der der Pflanze einen Stillstand kennt, und so fest man auch im Nilthal am Alten und Hergebrachten hing, und so langsam sich auch hier jedes Vorwärts- oder Rückwärtsschreiten vollzog, hatte sich doch im achten Jahrh. v. Chr. die Sprache im Munde des Volkes so weit von derjenigen entfernt, welche man mit hieroglyphischen oder hieratischen Zeichen wiederzugeben pflegte, dass man für ihre schnellere Aufzeichnung eine neue Schrift (s. S. 8) ersann. Es ist dies die demotische oder epistolographische, die Volks- oder Briefschrift. Man bediente sich ihrer nur, um die vom Volke gesprochene Sprache an den Papyrus oder die Scherbe zu fesseln, niemals aber zur Niederschrift der alten heiligen Sprache. So finden wir denn gewöhnlich auch nur Briefe, Rechnungen, einzelne Stücke aus der weltlichen oder magischen Literatur, Contracte und andere in das bürgerliche Leben gehörende Stücke mit demotischen Lettern geschrieben.

Umschrift eines hieratischen Textes in Hieroglyphen.
Papyrus Harris 500.

Aus dem Märchen vom verwunschenen Prinzen.

Der aus Aegypten geflohene Prinz hat die Bedingungen erfüllt, welche demjenigen gestellt waren, dem der Fürst von Mesopotamien seine Tochter zum Weibe geben wollte.

Zu deutsch: Da ward der Fürst von Mesopotamien über alle massen zornig, und er rief: »Ich werde mein Töchterlein gewiss nicht diesem Flüchtling aus Aegypten geben. Nach Hause soll er sich packen!« Da begab man sich zu ihm und sagte ihm: »Begieb Dich dahin zurück, von woher Du kommst!« Aber die Jungfrau war verliebt in ihn (voll von ihm) und schwur einen heiligen Eid...: »Wenn er mir fortgenommen wird, so will ich nicht essen, so will ich nicht trinken, ja so sterbe ich sogleich!«

Dr. Pleyte in Leiden versuchte für die Reproduction hieratischer Texte gut ausgeführte Typen einzuführen, und H. Brugsch verwandte demotische bei der Herstellung seiner Grammatik der Volkssprache; doch haben sich beide so wenig bewährt, dass man von ihrer Benutzung absah.

Da das Hieratische genau dieselbe Sprache wie das Hieroglyphische wiedergiebt, lässt es sich leicht mit Hieroglyphen umschreiben, und so kann man der hieratischen Typen sehr wohl entrathen.

Das in nachchristlicher Zeit gesprochene Aegyptische, das voll ist von hellenischen Elementen und auch vom Demotischen weit abweicht, wird mit griechischen Uncialbuchstaben von eigenartiger Form geschrieben, zu denen sechs Zusatzbuchstaben ϣ *sch*, ϥ *f*, ϧ *ch*, ϩ *h*, ϫ *dsch* und ϭ *tsch*, sowie das Silbenzeichen ϯ *ti* treten. Die Breitkopf & Härtel'sche Druckerei besitzt einen vollständigen Satz der koptischen Schrift, den sie vielfach verwandte.

Ein fortlaufender koptischer Text hat folgendes Aussehen:

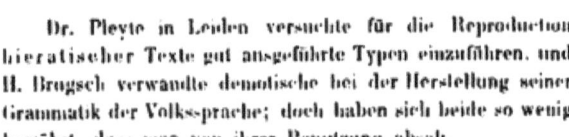

Der Anfang der Genesis, 1, 1 und 2. Nach der vortrefflichen Ausgabe de Lagardes.

Die Schreibarten der Aegypter sind also folgende:
1. Die Hieroglyphenschrift,
2. Die hieratische Schrift, die beide die gleiche alte Sprache wiedergeben.
3. Die demotische Schrift. Giebt vom achten Jahrh. v. Chr. an nur die jüngere Volkssprache wieder.

4. **Die koptische Schrift.** Schreibt das in nachchristlicher Zeit gesprochene Aegyptisch mit griechischen Lettern.

Die Hieroglyphenschrift setzt sich aus zwei Hauptelementen zusammen, dem lautlichen und dem begrifflichen.

Das erstere ist bis vor kurzem für das spätere gehalten worden, weil ja der Begriff dem Worte so sicher voranzugehen pflegt wie die Geberde der Sprache. Es verhält sich aber doch wahrscheinlich anders; denn die ältesten aller bis auf uns gekommenen Texte, die vor kaum zehn Jahren entdeckten Pyramideninschriften, bedienen sich der lautlichen Zeichen häufiger und der begrifflichen seltener als die späteren Texte.

Die lautlichen Hieroglyphen zerfallen in alphabetische und Silbenzeichen, und es wirft sich die Frage auf, warum die Aegypter, nachdem ihnen einmal die grosse That gelungen, welche kaum an zwei verschiedenen Stellen der Erde vollbracht worden sein kann, die Sprache in ihre Laute zu zerlegen, sich nicht wie die späteren des Alphabets kundigen Völker für die schriftliche Aufzeichnung der Gedanken mit demselben begnügten, sondern auch noch das ideographische Element ins Feld führten.

Die Antwort ist leicht ertheilt; denn das Aegyptische ist eine arme Sprache voller Homonyme und Synonyme, und so rief man die Begriffszeichen erstlich zu Hülfe, um Verwechselungen zu vermeiden, dann aber auch um bei Steininschriften Zeichen zu sparen und endlich um der Schrift, die zugleich als architektonisches Ornament diente, die Mannichfaltigkeit zu bewahren. Ausserdem war es ganz im ägyptischen Sinn, die Schrift zu compliciren, um dem Volke, dem sie geheimnissvoll bleiben sollte, ihr Verständniss zu erschweren.

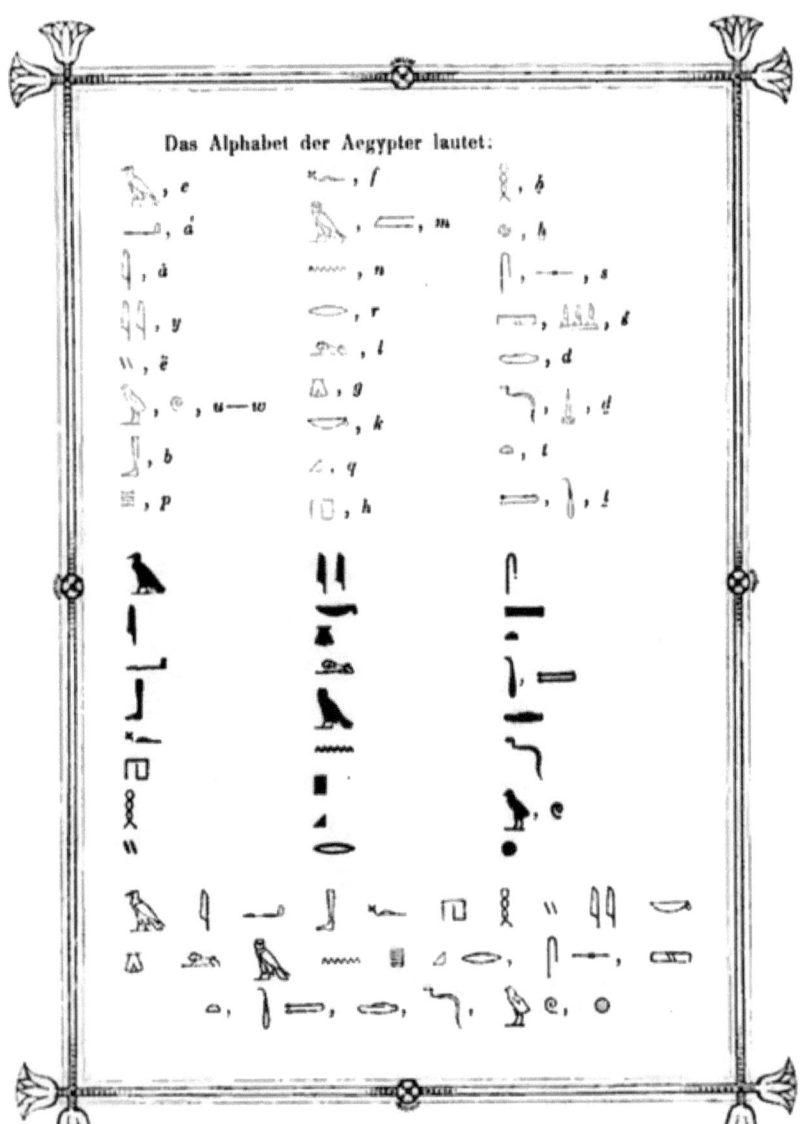

Die alphabetischen Zeichen entsprechen den Buchstaben unseres Alphabetes, wenngleich wir über den genauen Lautwerth derjenigen Zeichen, die unsern Vokalen nahe stehen, noch nicht vollkommen unterrichtet sind. Für die meisten Consonanten finden sich dagegen gleichwerthige in unserem Alphabet, und wenn wir z. B. ⊙, das dem deutschen *ch* entspricht, nicht *ch*, sondern *ḥ* umschreiben, so geschieht es, um nicht von der Transscriptionsweise abzuweichen, welche sich auch für die Umschrift von semitischen Texten empfiehlt.

Die Silbenzeichen sind 1-, 2- und 3-consonantig.

1. Einconsonantige: ⊂⊃ *ár*, ⊙ *áb*, ⊟ *ḥá*, ⚱ *áb*, ◱ *te*, △ *du*, ⊟ *se*, ∿ *mu*, ⚱ *ḥú*, ⚱ *us*, ⚱ *án*.

2. Zweiconsonantige: ▭ *mn*, ⊏⊐ *pr*, ⊷ *ts*, ◡ *nb*, ⚱ *mr*, ⚱ *dd*, ⚱ *sn*, ⊙ *ḥr*, ⬭ *rn*.

3. Dreiconsonantige: ⚱ *nfr*, ⩴ *ḥnt*, ⚱ *mnḥ*, ⚱ *ḥmt*, ⚱ *ntr*, ⬭ *ḥtp*, ⩏ *ḥsp*.

Diese Zeichen genügen, um den ihnen eigenen Lautwerth zum Ausdruck zu bringen. ⚱ allein wird *ánḥ*, ⚱ *ntr*, ⚱ *nfr* gelesen; da aber manche verschiedene Lautwerthe haben, und ⊙ ausser *tp* auch *áp* gelesen werden kann, ausserdem aber dem Gedächtniss des Lesenden zu Hilfe gekommen werden sollte, so stellte man oft neben das Silbenzeichen beliebig viele Laute seines Namens, die wir die »phonetischen

Complementes nennen. Wenn ☥ *ánh*, wie wir sahen, genügte um das Lautbild *ánh* zum Ausdruck zu bringen, so konnte man es doch ⁓○☥, ☥○⁓, ⁓☥ oder ⁓○ ☥○ schreiben. ⌇ musste *ntr* gelesen werden, man schrieb es aber oft ⁓⌇ oder ⌇⁓, ⌇ *nfr* tritt häufig mit den Complementen auf und wird dann ⁓⌇ oder ⌇⁓ *nfr* geschrieben. Die Lesung von ⁓ *htp* wird gewöhnlich durch die Beigabe von *t* und *p* unterstützt und zu ⁓ .

Wo die begrifflichen Zeichen eingeführt werden, um Irrthümern vorzubeugen, treten sie als Determinativzeichen hinter das lautlich geschriebene Wort und verweisen es in die Begriffskategorie, zu der es gehört. So kann das eine Lautbild ⁓○ *ánh* das Leben und leben, die Ziege, das Ohr, den Spiegel, eine Blumenart und den Eid bedeuten, und um eine Verwechselung zu vermeiden stellt man darum hinter ⁓○ *ánh*, wenn es leben bedeutet, die Schriftrolle ⁓, das Zeichen für alle abstracten Begriffe, hinter ʿanh die Ziege, ein Fellstück mit dem Schwanz ⁓, das Zeichen für alle vierfüssigen Thiere, hinter ʿanh das Ohr, das Hörorgan des Kalbes ⁓ oder des Menschen ⁓, hinter ʿanh den Spiegel das Bild eines solchen ⁓, hinter die Blumenart ʿanh die Hieroglyphe ⁓, d. i. das allen Vegetabilien ausser den Bäumen beigegebene Zeichen, hinter ʿanh der Eid das die Schriftrollen zusammenhaltende Band ⁓, das unter allem Geschriebenen auch das gerichtlich oder protokollarisch Aufgenommene determinirt und bisweilen auch den

Mann mit erhobener Hand 𓀢, welcher auf die beim Schwören
übliche Geberde hinweist.

Mit Hilfe der Determinativa 𓂭, 𓃀, 𓄿 oder 𓅃, 𓆇,
𓇋 und 𓈖 oder 𓉐𓊖 wird also jeder Irrthum ausgeschlossen, wenn es zu unterscheiden gilt, ob mit dem Worte
'ᴀɴḫ, leben, eine Ziege, das Ohr, der Spiegel, eine Blumenart
oder der Eid gemeint sei.

Oft können, wie wir schon bei 'ᴀɴḫ der Eid sahen,
mehrere Begriffszeichen ein und dasselbe Wort determiniren.
So tritt hinter die Gruppe 𓂋𓏤𓃀𓅐𓁐 ádu die Jungfrau
das Zeichen des Kindes 𓀔 und das der weiblichen Personen
𓁐, um anzudeuten, dass man es mit einer jungen Frau zu
thun habe, hinter 𓊃𓈖𓉐𓂝 ḫnᴀɴ einschliessen, der
Schlüssel 𓊃 und der bewaffnete Arm 𓂝, um anzudeuten, dass wir es mit einer durch den Schlüssel zu verrich-
tenden kräftigen Handlung zu thun haben; denn der bewaffnete Arm 𓂝 determinirt solche. Auch das Tödten ist
eine gewaltsame That. Weil sie aber oft mit einer Waffe vor-
genommen wird, determinirt man das Wort 𓊪𓌪𓂝
ḥᴅʙᴜ tödten mit dem Messer 𓌪 und dem bewaffneten Arm.
In späterer Zeit sehen wir noch mehr, ja bis 7 Determinativa
hinter einzelnen Worten gebraucht. So ist in dem Decret
des Ptolemäus Soter (S. 4) von Viehheerden die Rede, welche
𓈗 𓈗 mᴜᴍᴜ heissen. Um nun zu zeigen, dass zu denselben Rinder, Schafe, Ziegen, Schweine und Esel gehörten,

wurde die Gruppe mnmn 〰〰 ▭▭ 🐏🐏🐏🐏 🐏🐏 geschrieben. Die dreimalige Wiederholung des Bildes eines Ochsen versetzt die Gruppe in die Mehrzahl und deutet an, dass Rinder gemeint sind, die diesen folgenden Abbildungen eines Widders, einer Ziege, eines Schweines und Esels zeigen, dass zu ihnen auch Heerden der genannten Thiere gehörten.

Diese directen Determinativa, welche dem Bilde des gemeinten Gegenstandes gleich sind, erklären sich von selbst; doch haben wir schon eine zweite Gattung kennen gelernt, die conventionell und oft allegorisch oder symbolisch darauf hinweist, zu welcher Begriffskategorie das Wort gehört, dem es folgt. Zu diesen Determinativen, die wir »indirecte« nennen, gehört das Band der Schriftrolle ⌇ für Geschriebenes, Protokollirtes und den Eid, der bewaffnete Arm 𓂡 für gewaltsame Handlungen, der Mann mit dem erhobenen Arme 𓀁 für lebhafte Ausrufe, Anrufungen etc. und das Kalbsohr 𓄿 für das Ohr, auch das menschliche und seine Thätigkeit, das Hören.

Die directen Determinativa können auch, besonders auf Steininschriften, als willkommene Abkürzungen für das ausgeschriebene Wort mit dem Determinativum eintreten, so dass für 𓃽 𓅭 𓏊 ȧḥ, ept, ȧrp 𓃽 𓅭 𓏊 eine Kuh, eine Gans, Wein, geschrieben werden kann. Die Bedeutung solcher abgekürzten Schreibungen und auch die des Zeichens 𓏊 unterliegt keinem Zweifel. Jeder wird in 𓃗 ein Pferd erkennen und 𓏊 stellt die zur Aufbewahrung des Weines dienenden Gefässe dar und determinirt stets den Rebensaft; die Aussprache aber bleibt auch für den Aegypter ungewiss. Wir könnten das Bild eines Pferdes auf Deutsch auch Ross, Gaul, Mähre etc. benennen, und ein solches lehrt auch nicht, wie der ägyptische Schreiber es gelesen zu sehen wünschte. So muss denn der Lautwerth dieser Begriffszeichen mit Hilfe von Texten eruirt werden, bei denen dem Determinativ die lautliche Schreibung vorangeht, und dies ist bei denen fast immer der Fall, welche sich, sei es mit hieratischen, sei es mit hieroglyphischen Lettern auf Papyrus geschrieben finden; denn hier kam es nicht darauf an, einzelne Zeichen zu sparen, wie dies z. B. auf den Leichenstelen, die nur kleinen Raum bieten, erwünscht sein musste.

Die hieroglyphischen Inschriften konnten von rechts nach links oder von links nach rechts gelesen werden. Ein Irrthum war nicht möglich, weil die Richtung, nach der die Bilder der Menschen- und Thiergestalten schauten, consequent diejenige angab, der man zu folgen hatte. Diese scheinbare Willkür wurde geübt, weil die Hieroglypheninschriften zugleich architektonische Ornamente waren, und die feinsinnigen Hierogrammaten und Künstler, denen es oblag, eine Wand auszuschmücken, auf der z. B. ein Götterbild zwischen zwei Inschriften stehen sollte, empfanden, dass es schlecht aussehen und der Symmetrie widersprechen müsse, wenn diese der gleichen Richtung folgen würden, statt einander entgegen zu schauen.

Wenn z. B. links und rechts von der geflügelten Sonnenscheibe der gewöhnliche Titel des Horus von Apollinopolis (Edfu):  der Behudische*) grosse Gott, der

---

*) D. h. der zur Stadt Apollinopolis Magna, d. i. Behud gehörende.

Herr des Himmels, geschrieben werden soll, wird dies stets in folgender Form geschehen:

nie aber in der folgenden:

und Jedermann muss zugeben, dass dadurch ein dem Auge wohlgefälliges symmetrisches Bild erzielt wird. Ein Irrthum war durch die Richtung des zweiten Zeichens, der Hand, ausgeschlossen; denn man musste von daher zu lesen beginnen, wohin ihre Finger weisen; bei den ersten der einander gegenüberstehenden Gruppen also von links nach rechts, bei den zweiten von rechts nach links.

Es war auch gestattet in horizontalen (s. S. 19) oder verticalen Linien (s. S. 29) zu schreiben, nur hatte der Hierogrammat stets dafür zu sorgen, dass sich die einzelnen Zeichen zu Quadraten verbanden. *ntr nfr* wäre unschön gewesen, und so sehen wir auch nur schreiben. Die hieratischen und demotischen sind wie die semitischen Texte stets von rechts nach links zu lesen.

Unsere Typen sind im ganzen auf die Lesung von links nach rechts berechnet, doch kann man für einzelne Gruppen Typen in der umgekehrten Richtung unschwer herstellen.

Man darf es als eine schöne Errungenschaft unserer Zeit begrüssen, dass die uralte und complicirte Schrift der

Vertical geschriebener Hieroglyphentext.

Aus der Gruft des Ameny zu Beni-Hasan.

Zu deutsch: Weder schädigte ich den Sohn eines geringen Mannes, noch bedrückte ich eine Wittwe, weder verdrängte ich einen Bauern (aus seinem Besitz), noch bezeigte ich einem Hirten

meine Verachtung; da war kein Mann, der über fünf Hände gebot
(also ein kleiner Grundbesitzer), dem ich seine Leute um (für mich)
zu arbeiten fortgenommen hätte. Weder gab es einen Darbenden
in meiner Zeit, noch einen Hungernden, so lang ich lebte. Als
aber die Jahre der Hungersnoth kamen, da bestellte ich alle Felder
des Nomos Mah bis zu seiner südlichen und nördlichen Grenze.
Ich ernährte seine Insassen und schaffte Brot für denselben. Kein
Hungernder war in ihm, indem ich mich der Wittwe ebenso erwies
wie der Herrin eines Gatten (so hiessen die ägyptischen Männer
ehrlich genug ihre Ehefrauen, deren Herrschaft sie sich bewusst
waren). Nicht bevorzugte ich den Grossen vor dem geringen Mann
bei allem was ich that.

Aegypter, deren Verständniss so lange ein mit sieben Siegeln
verschlossenes Buch war, heute nicht nur wie jede andere
gelesen, sondern auch mit Typen diplomatisch genau wieder-
gegeben und vervielfältigt werden kann.

VERZEICHNISS

DER MIT RÜCKSICHT AUF DIE GEGENSTÄNDE, WELCHE SIE
DARSTELLEN, IN 25 KLASSEN GEORDNETEN

HIEROGLYPHISCHEN TYPEN

IM BESITZ

DER BUCHDRUCKEREI

VON

BREITKOPF & HÄRTEL

ZU

LEIPZIG.

VERZEICHNISS DER HIEROGLYPHENKLASSEN.

A. Männer (stehend, knieend, sitzend, hockend, liegend).
B. Frauen.
C. Götter.
D. Menschliche Gliedmassen.
E. Säugethiere (Hausthiere, wilde Thiere).
F. Theile von Säugethieren.
G. Vögel (Raubvögel, Sumpfvögel, Enten, kleine Vögel).
H. Theile von Vögeln.
I. Amphibien (Schildkröte, Eidechse, Frosch, Schlange).
K. Fische.
L. Gliederthiere (Insekt, Spinne, Wurm).
M. Vegetabilien (Baum und seine Theile, Pflanzen, Früchte).
N. Himmel, Erde, Wasser.
O. Gebäude und ihre Theile.
P. Schiffe und ihre Theile.
Q. Hausgeräth (Sitze, Tische, Kasten, Gestelle).
R. Tempelgeräth.
S. Kleidungsstücke und Schmucksachen.
T. Waffen und Kriegsgeräth.
U. Werkzeug und Ackergeräth.
V. Flechtwerk (Stricke, Netze, Packete).
W. Gefässe (Töpfe, Körbe, Hohlmasse).
X. Opfergaben.
Y. Schreib-, Musik- und Spielgeräth.
Z. Striche und zweifelhafte Figuren.

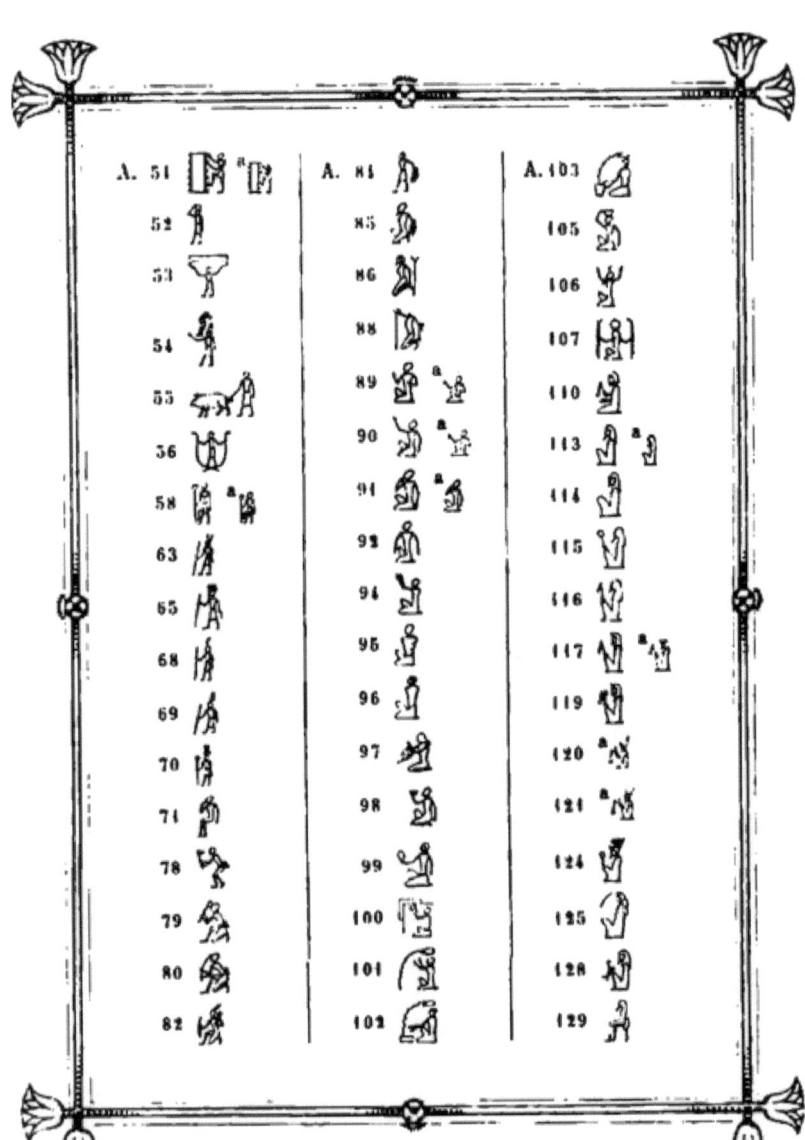

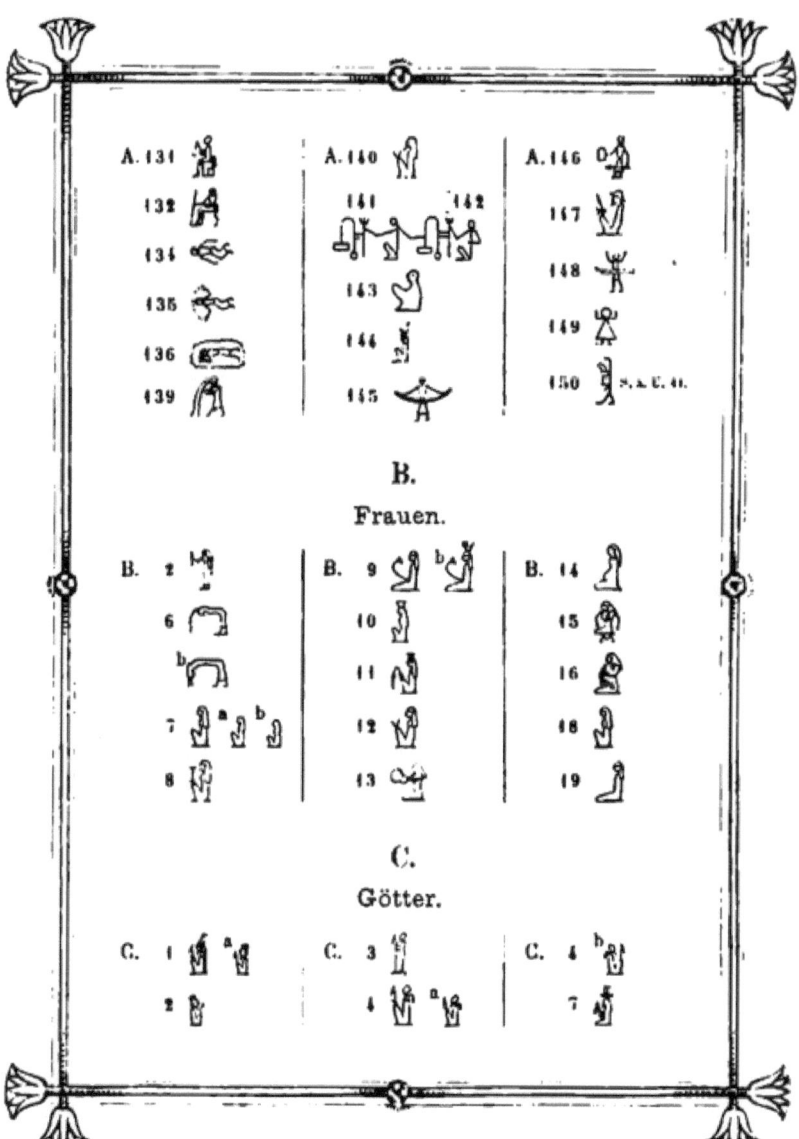

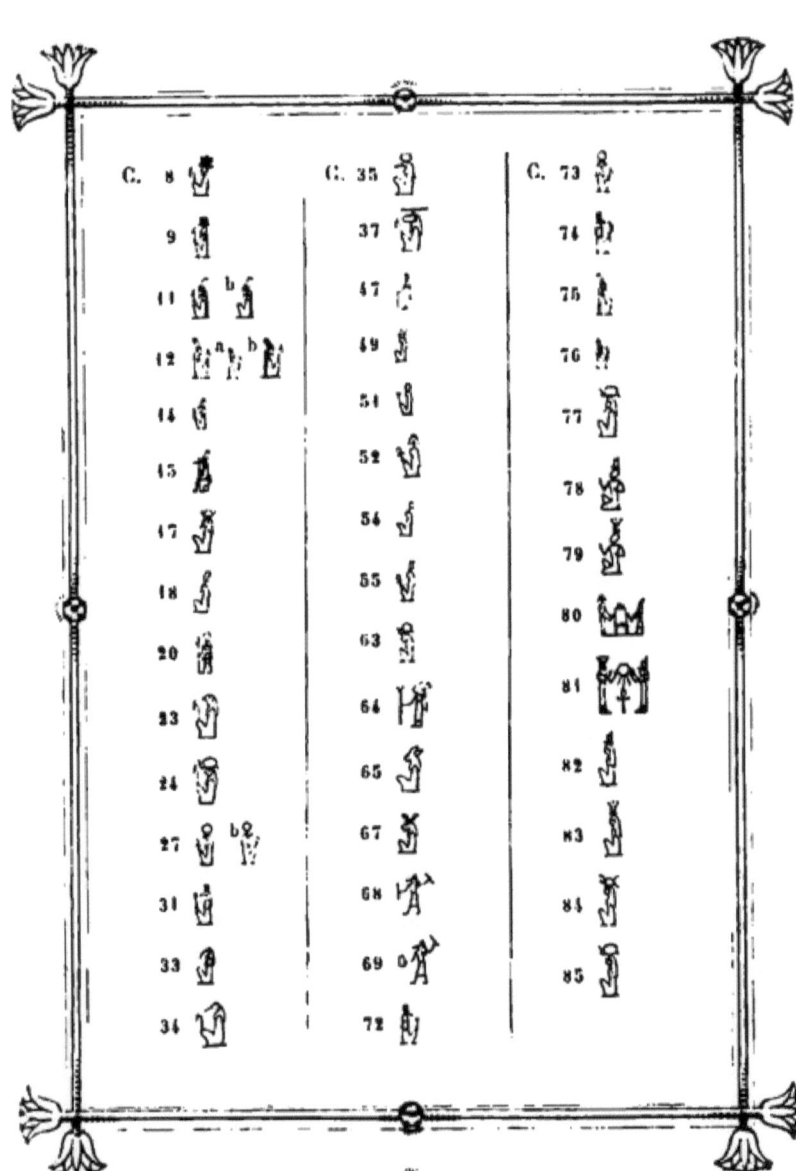

D.

Menschliche Gliedmassen.

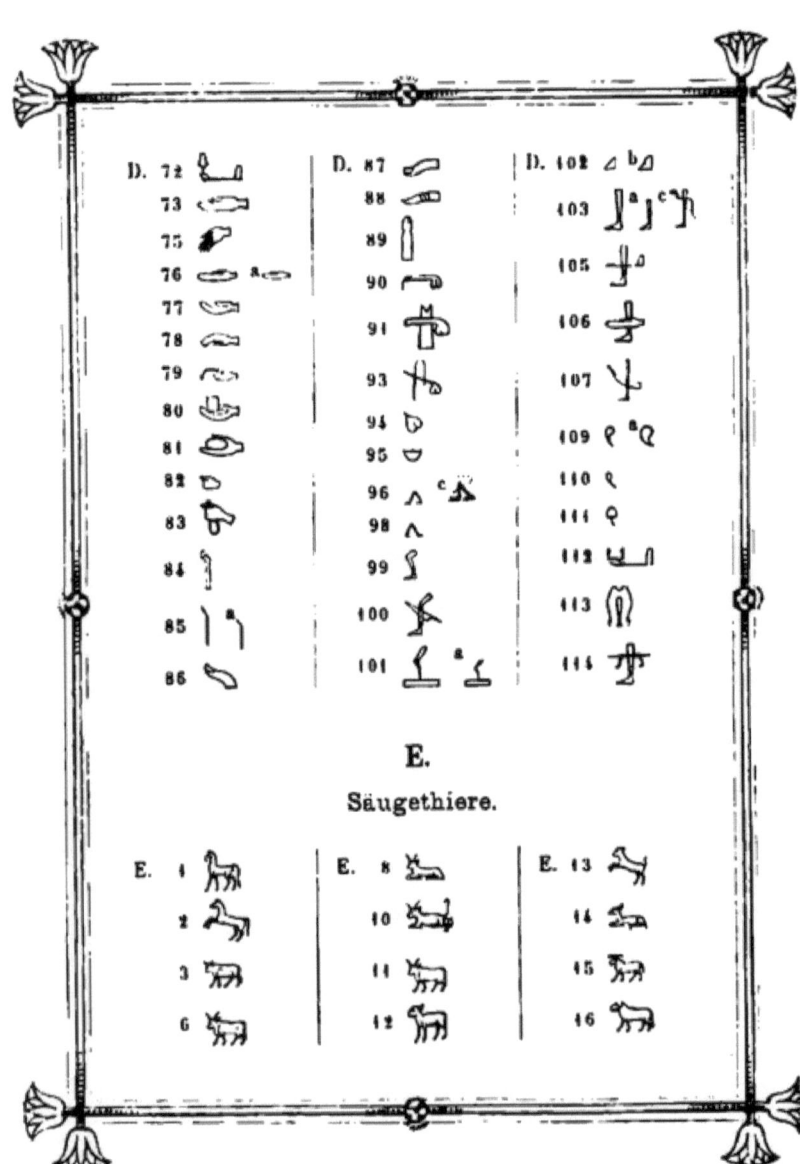

E.

Säugethiere.

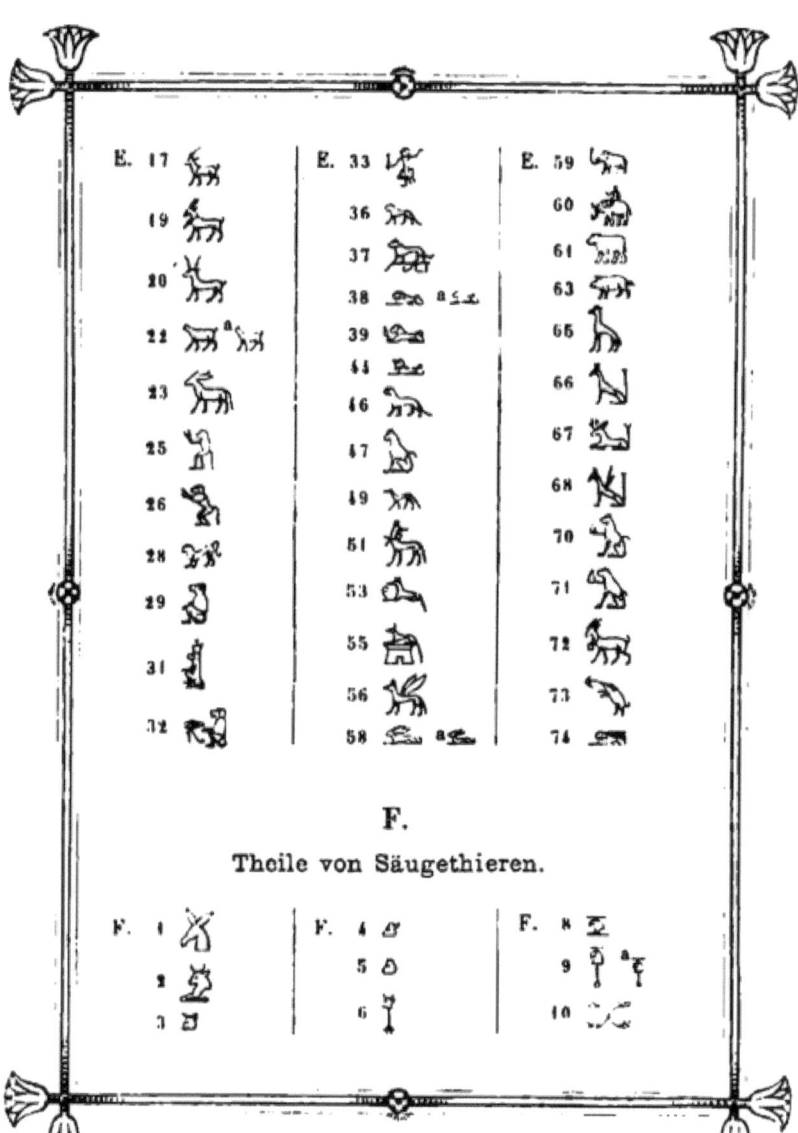

F.
Theile von Säugethieren.

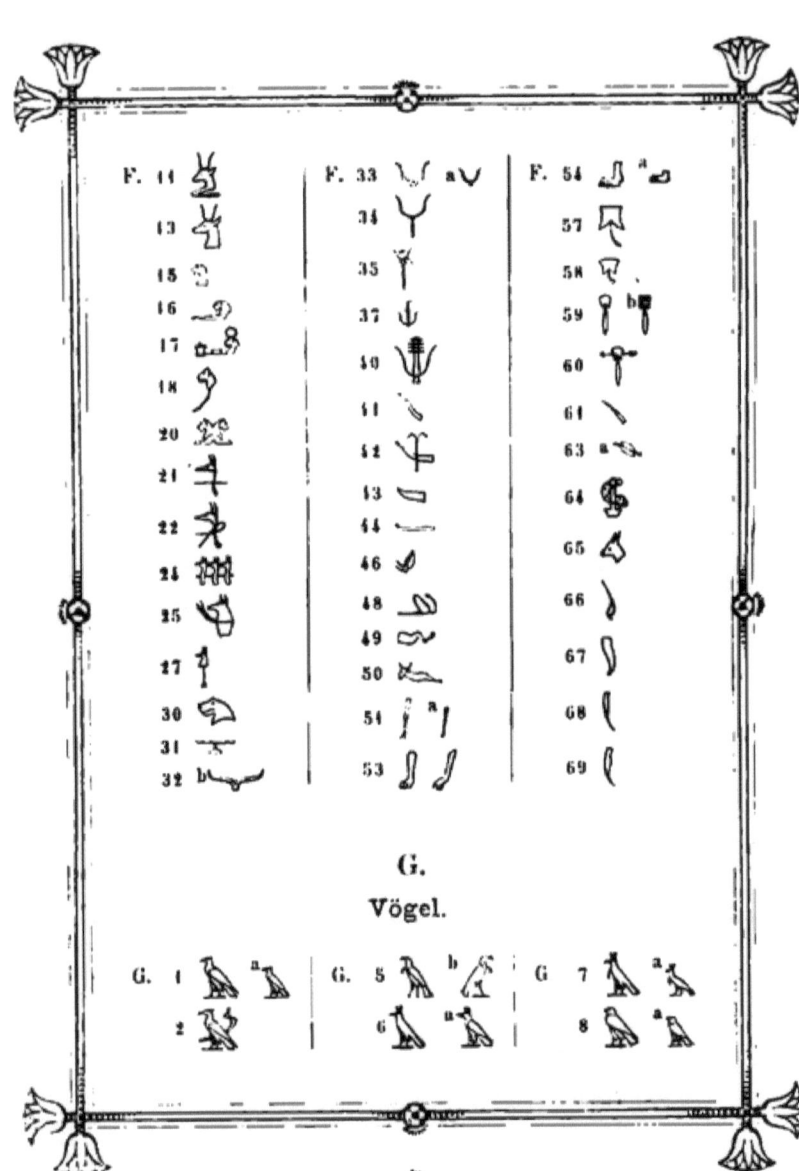

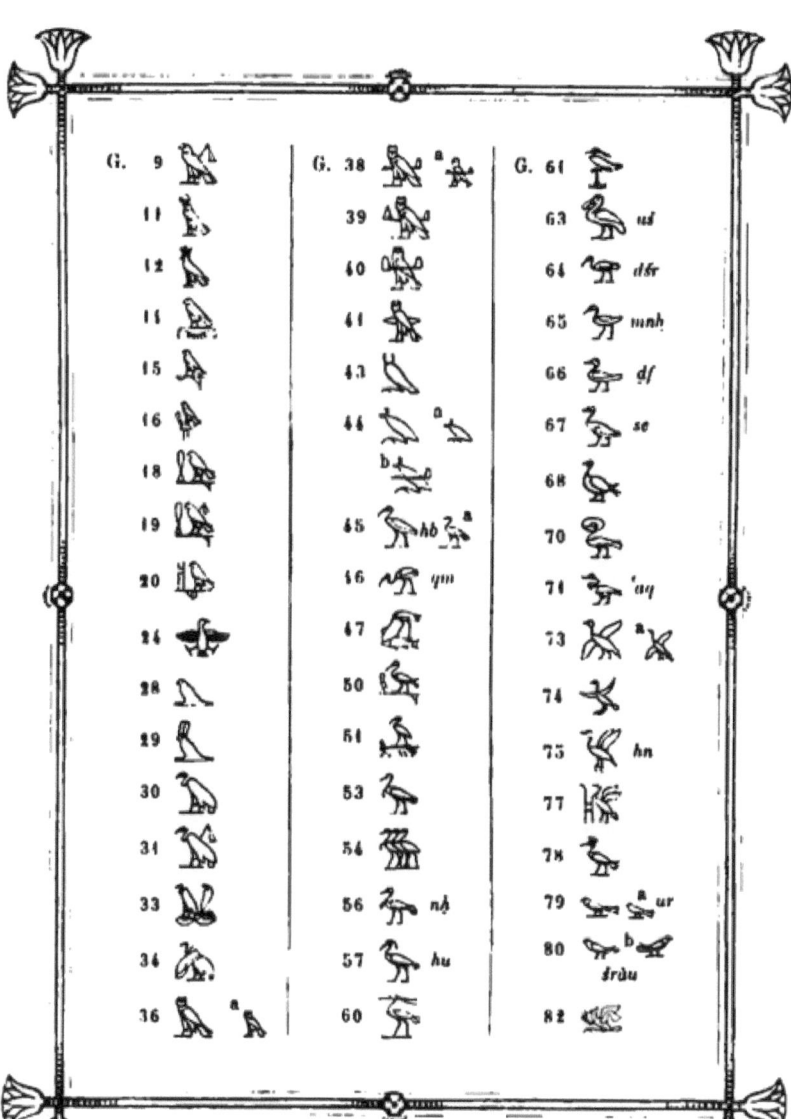

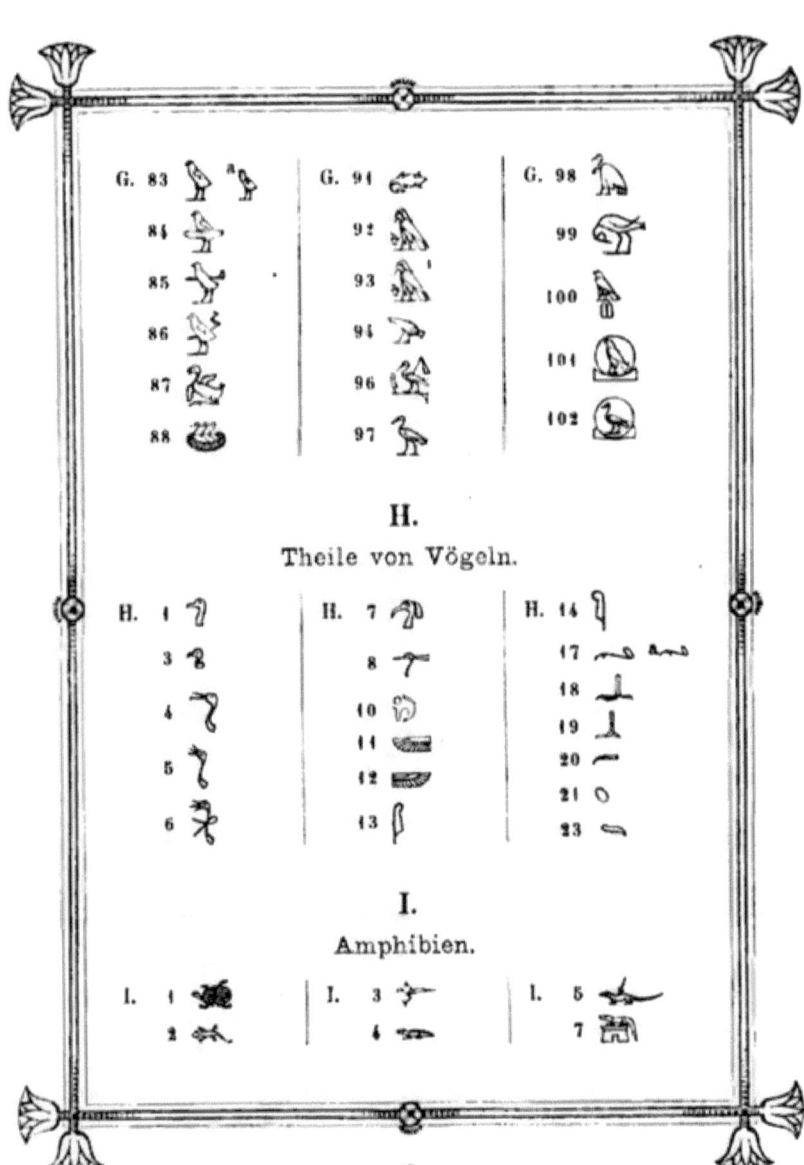

H.
Theile von Vögeln.

I.
Amphibien.

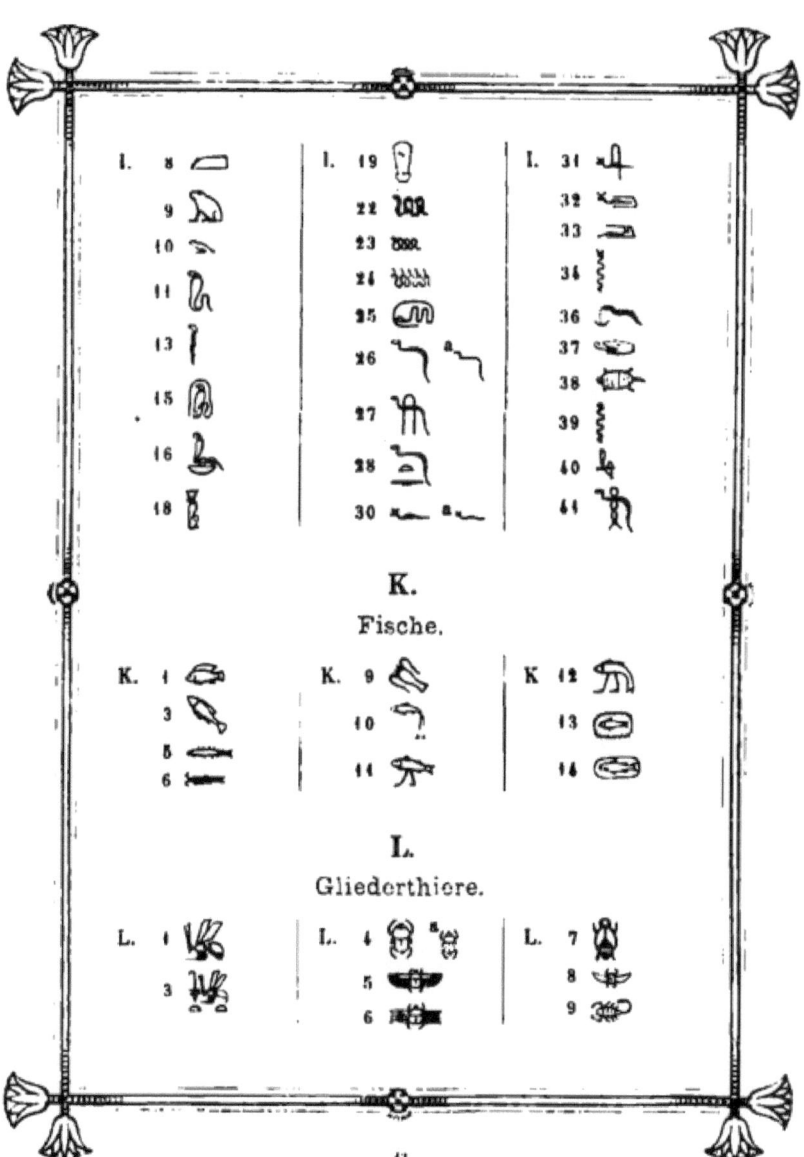

M.
Vegetabilien.

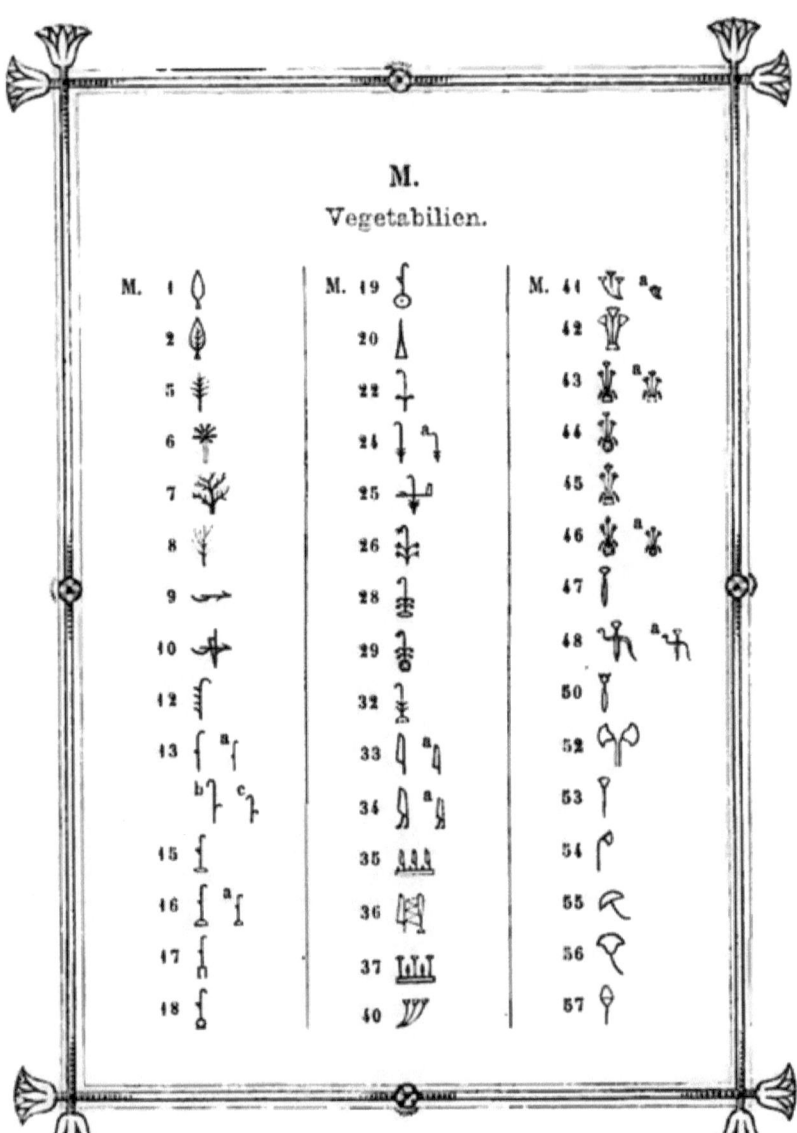

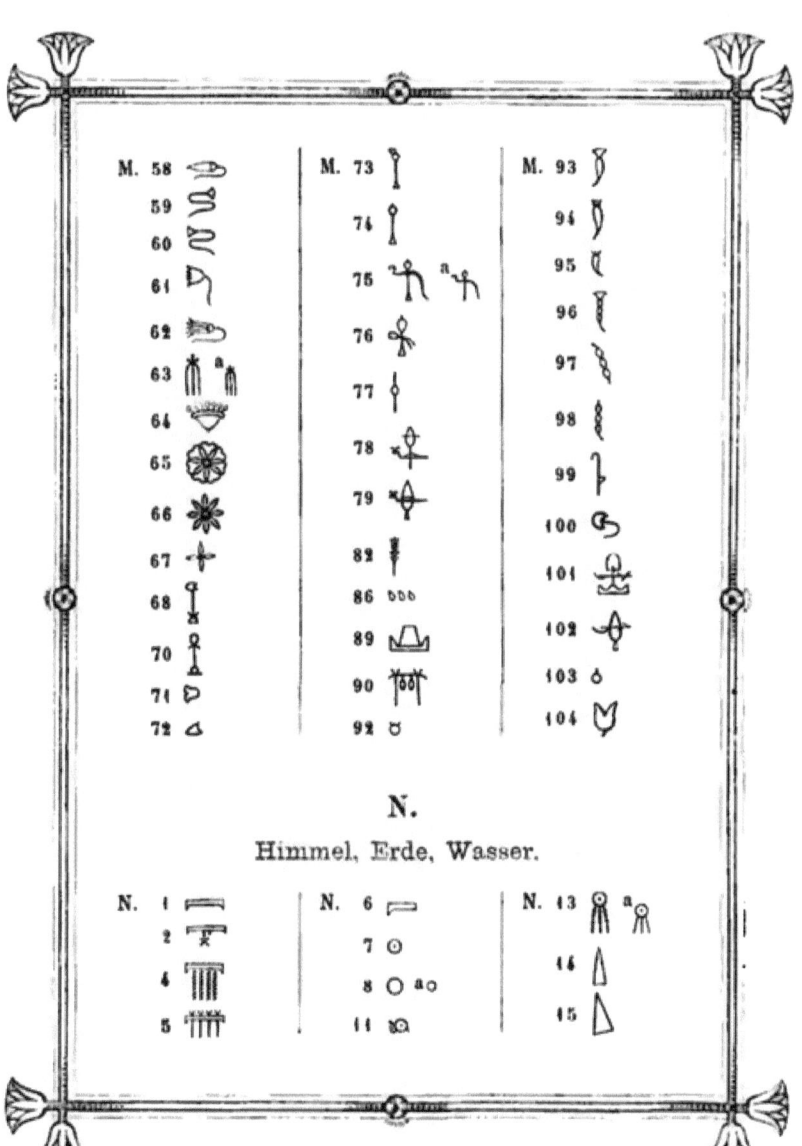

N.
Himmel, Erde, Wasser.

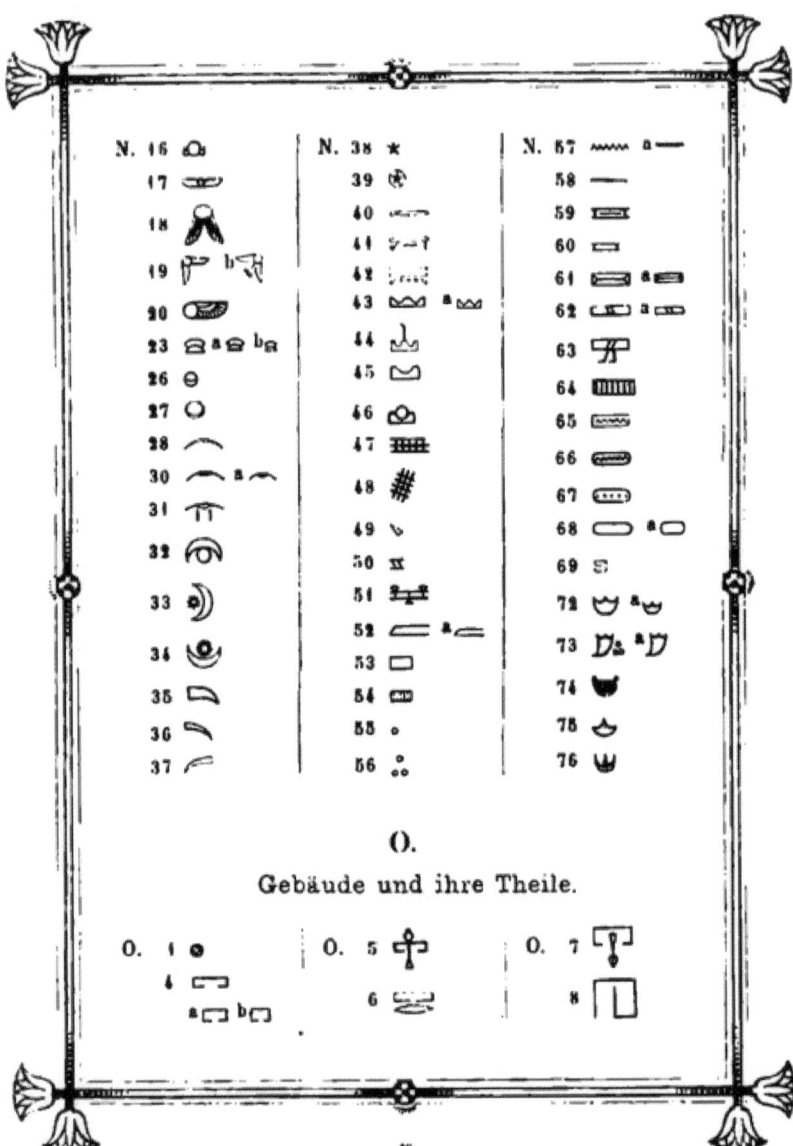

O.

Gebäude und ihre Theile.

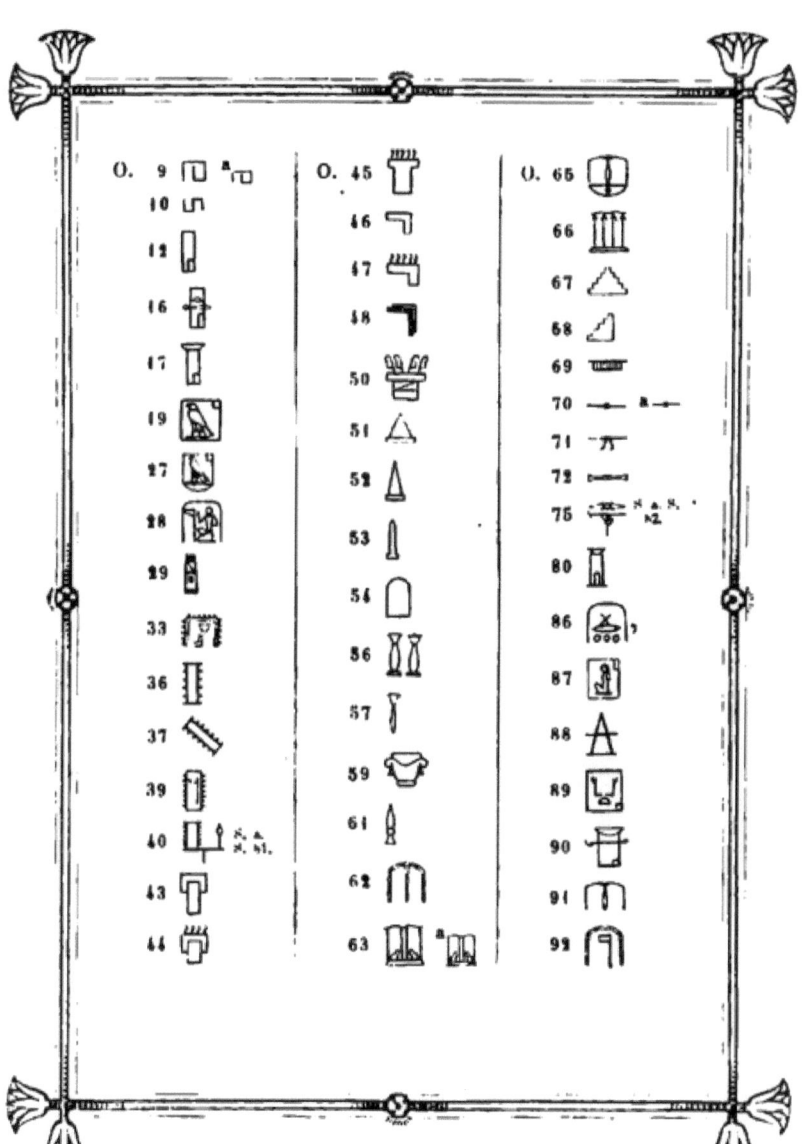

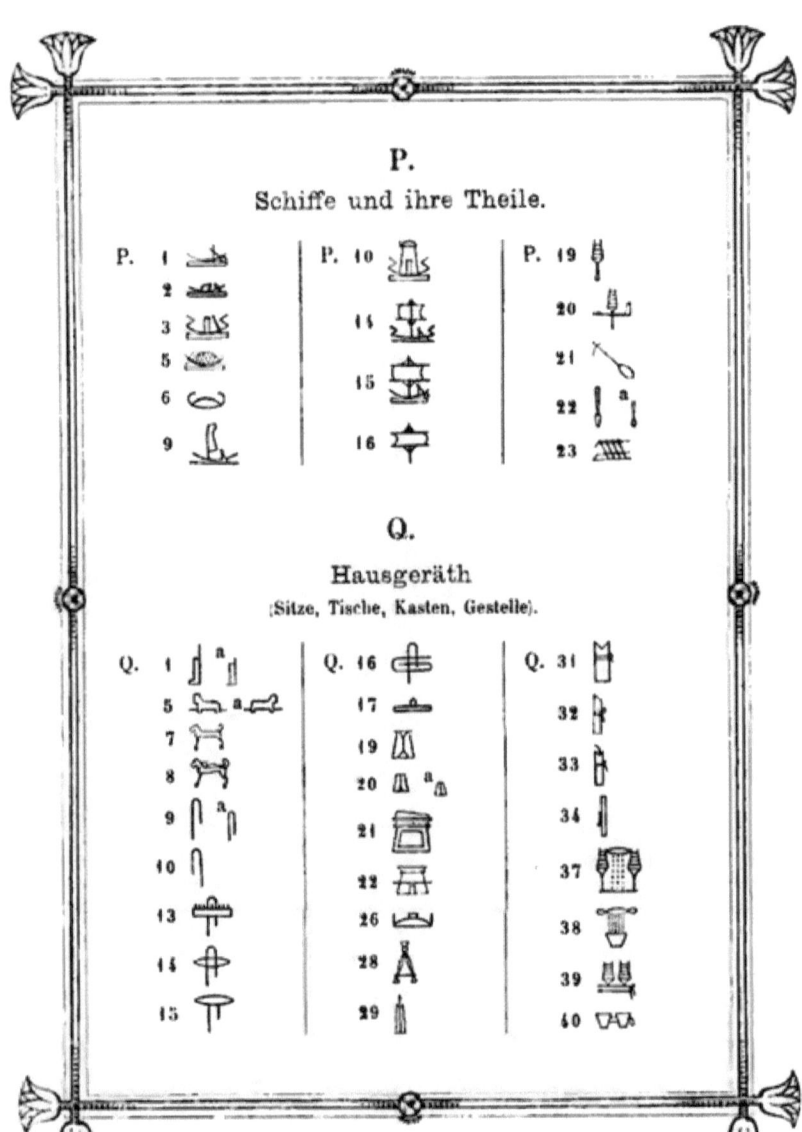

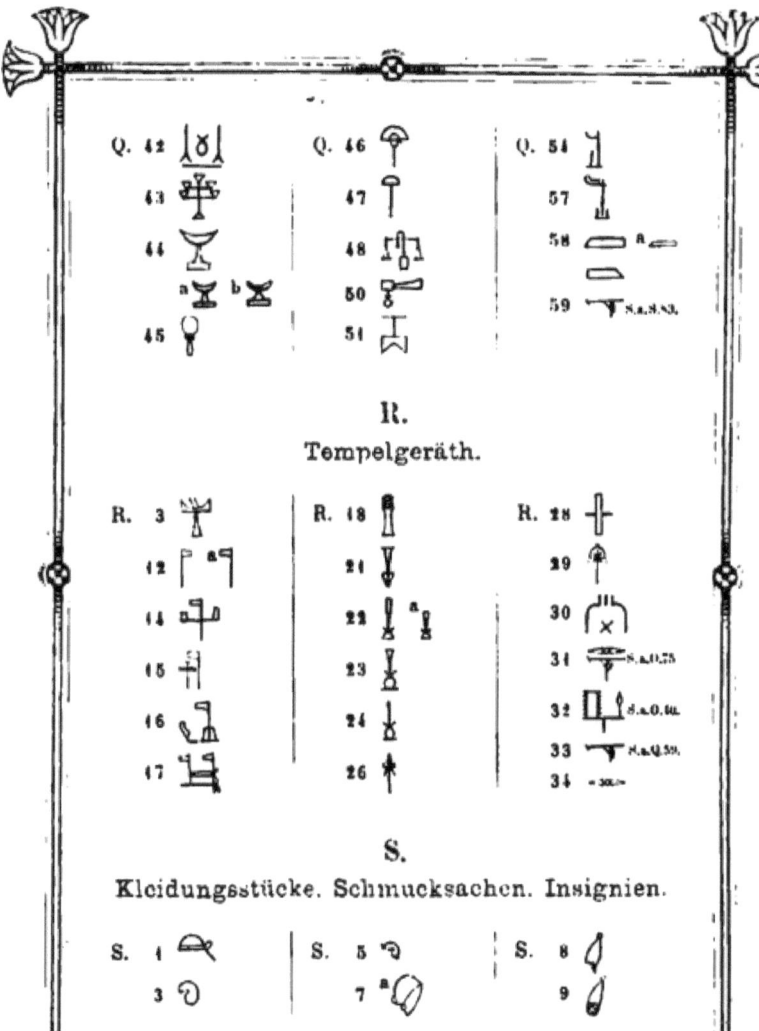

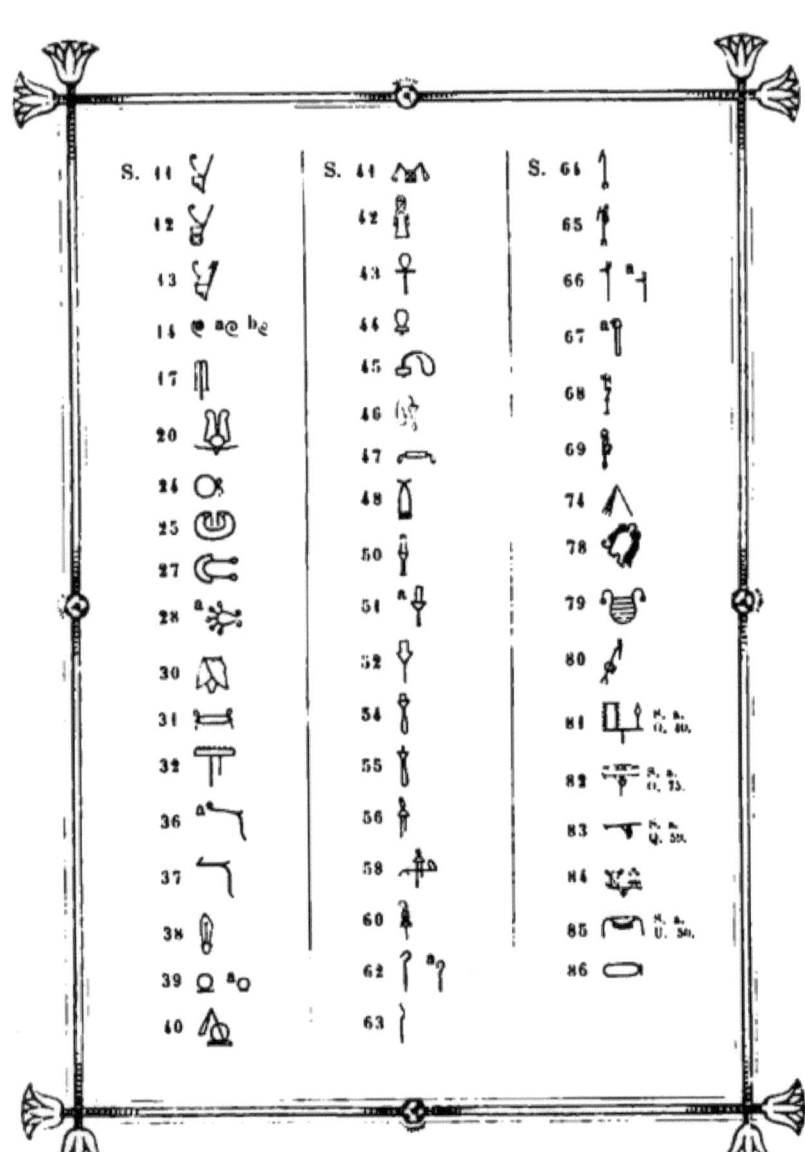

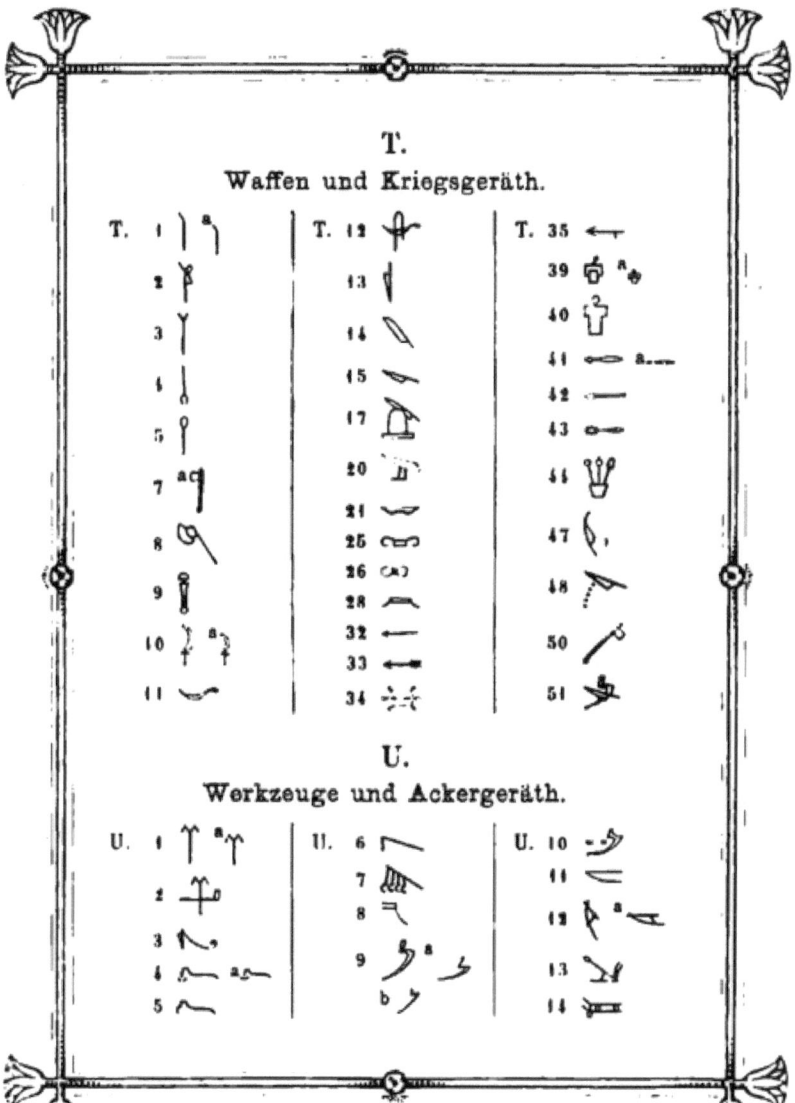

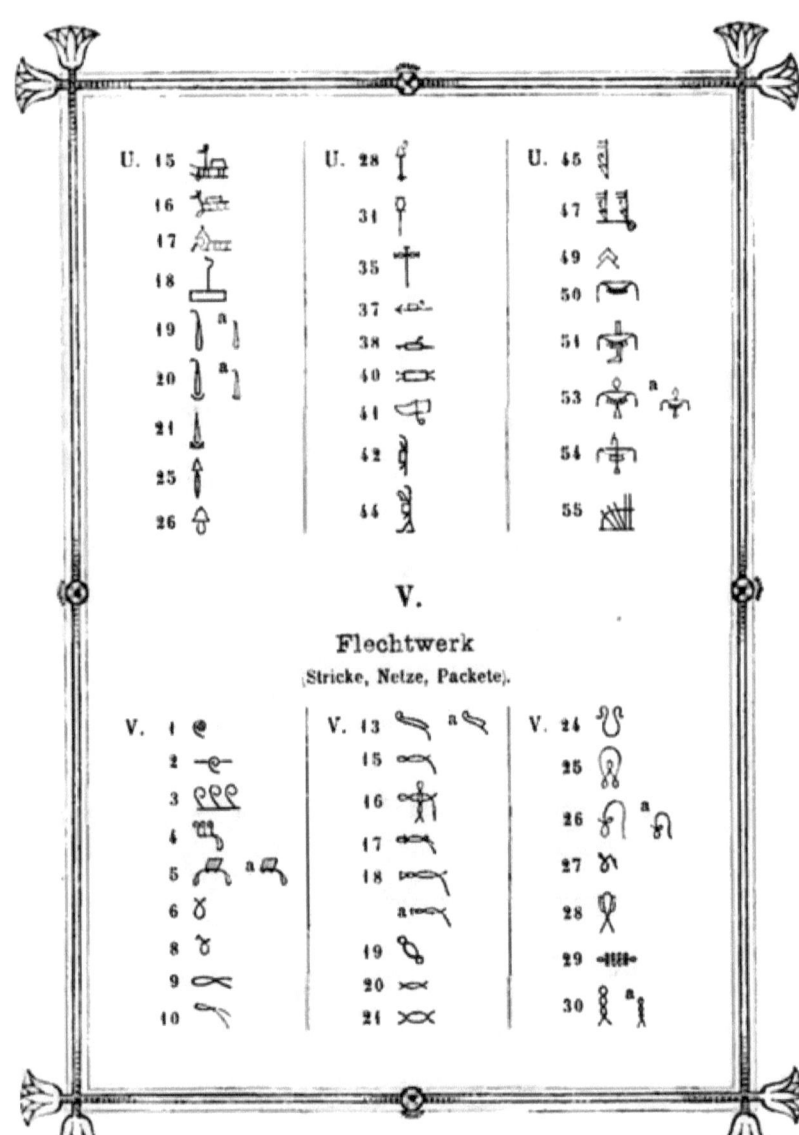

V.
Flechtwerk
(Stricke, Netze, Packete).

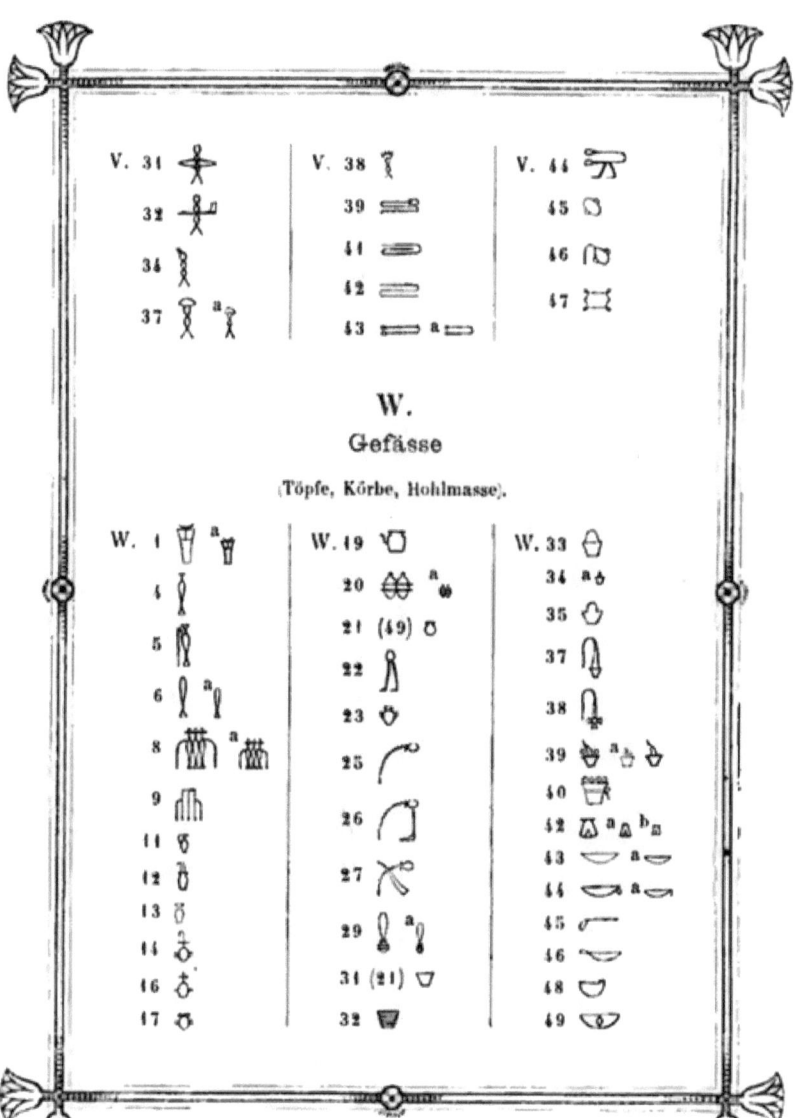

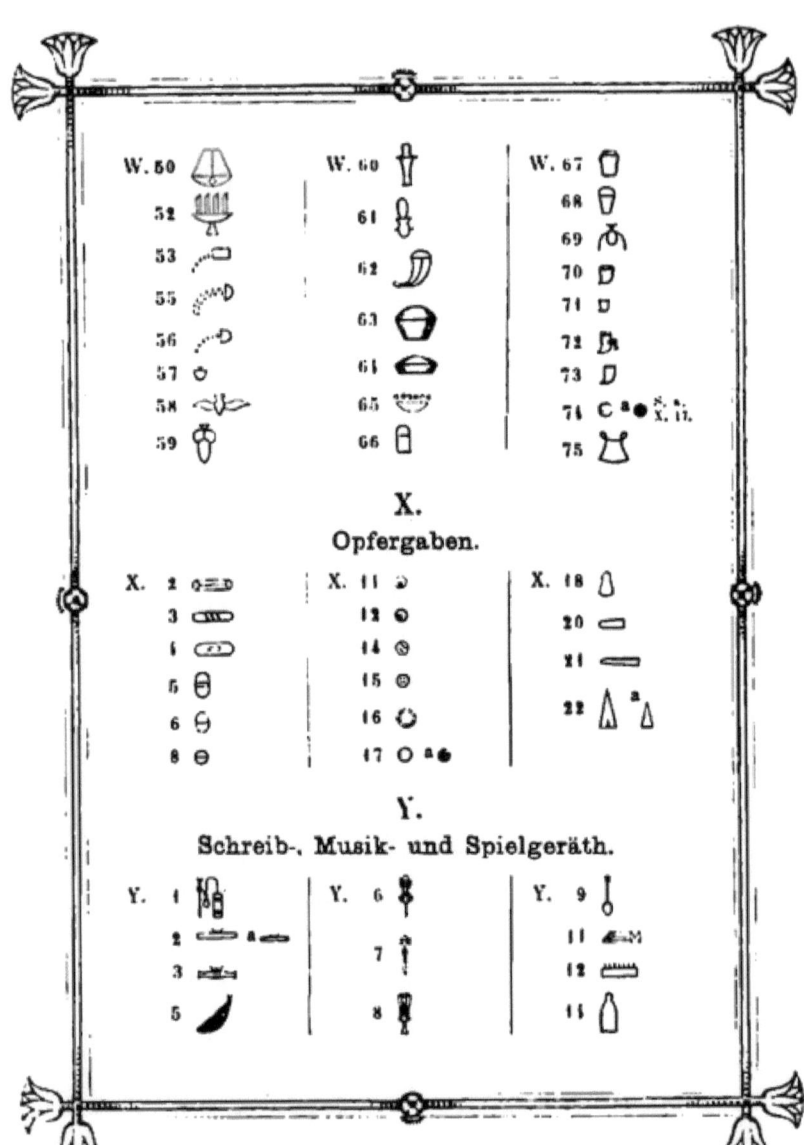

X.
Opfergaben.

Y.
Schreib-, Musik- und Spielgeräth.

Z.
Striche und zweifelhafte Figuren.

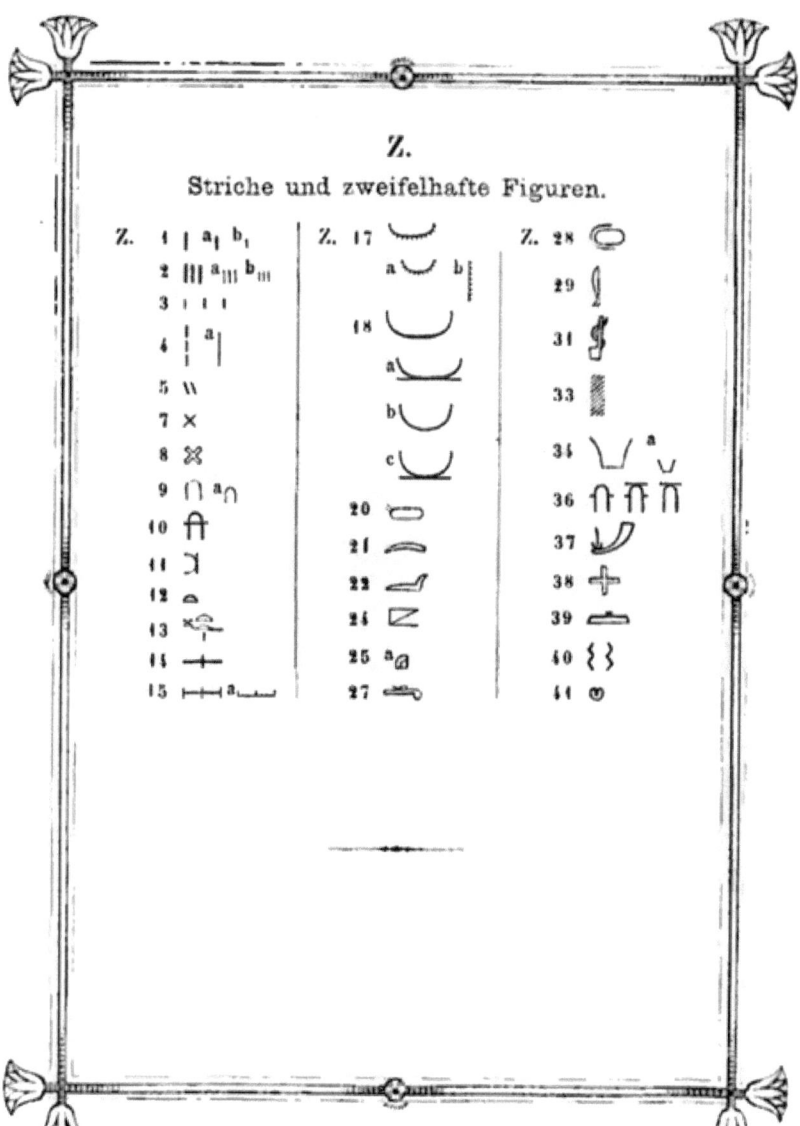

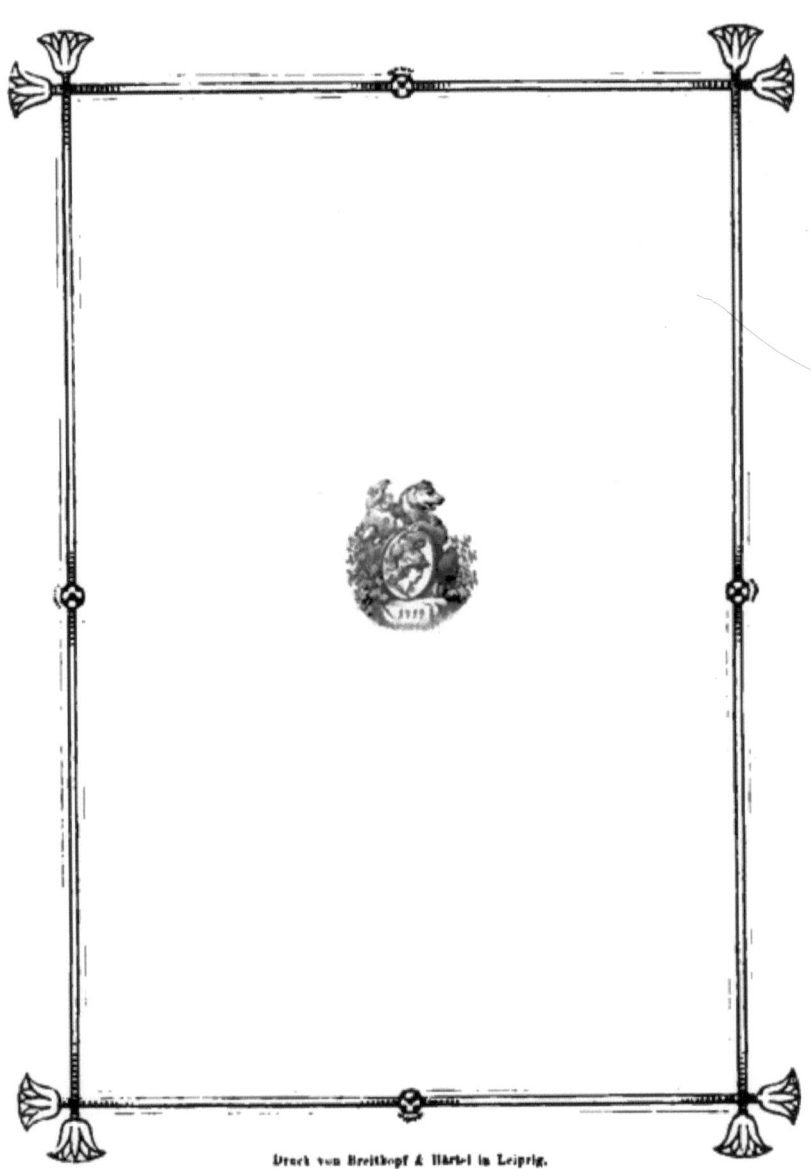

Druck von Breitkopf & Härtel in Leipzig.